第12版  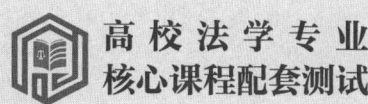 高校法学专业 核心课程配套测试

# 行政法与行政诉讼法配套测试

**试 题**

教学辅导中心 / 组编　编委会主任 / 井凯笛

编审人员

井凯笛　陈昱竹　罗方洁　杜宛凝

中国法治出版社
CHINA LEGAL PUBLISHING HOUSE

# 出版说明

"高校法学专业核心课程配套测试"丛书由我社教学辅导中心精心组编,专为学生课堂同步学习、准备法学考试,教师丰富课件素材、提升备课效率而设计。自2005年首次出版以来,丛书始终秉持"以题促学、以考促研"的编写理念,凭借其考点全面、题量充足、解析详尽、应试性强等特点,成为法学教辅领域的口碑品牌,深受广大师生信赖。

本丛书具有以下特色:

1. **适配核心课程,精设十六分册**。丛书参照普通高等学校法学专业必修课主要课程,设置十六个分册,涵盖基础理论、实体法、程序法及国际法等核心领域,旨在帮助学生构建系统的法学知识框架,筑牢理论根基,掌握法律思维。

2. **专业团队编审,严控内容品质**。由北京大学、中国人民大学、中国政法大学、北京航空航天大学、中国社会科学院、西南政法大学、西北政法大学、南开大学、北京理工大学等法学知名院校教师领衔编委会,全程把控试题筛选、答案审定及知识体系优化,确保内容兼具理论深度及实践价值。

3. **科学编排体系,助力知识巩固**。每章开篇设置"基础知识图解"板块,以思维导图形式梳理核心概念与法律关系,帮助学生快速构建知识框架。习题聚焦法学考试高频考点,覆盖单项选择题、多项选择题、不定项选择题、名词解释、简答题、论述题、案例分析题等常见题型,满足课堂练习、期末备考、法考训练、考研复习等需求。答案标注法条依据,详解解题思路。设置综合测试题板块,方便学生自我检测、巩固知识。

4. **紧跟法治动态,及时更新内容**。丛书依据新近立法动态进行修订,注重融入学科前沿成果,同时,贴合国家统一法律职业资格考试重点,强化实务导向题型训练,切实提升学生应试能力。

5. **贴心双册设计,提升阅读体验**。试题与解析分册编排,方便学生专注刷题,随时查阅答案,大幅提升学习效率。

6. **拓展功能模块,丰富学习资源**。附录部分收录与对应课程紧密相关的核心法律文件目录,帮助学生建立法律规范知识体系;另附参考文献及推荐书目,既明确了答案参考,亦为学生提供拓展阅读指引。

**7. 附赠思维导图，扫码即可获取。** 购买本书，扫描封底二维码可下载课程配套思维导图，便于学生随时查阅、灵活使用，为学习提供更多便利与支持。

尽管本丛书已历经学生试用、教师审阅、编辑加工校对等多个环节，但难免存在疏漏和值得商榷之处。法学的魅力恰在于永恒的思辨。若您在研习过程中有任何问题或建议，欢迎发送邮件至 hepengjuan@zgfzs.com，与编委会共同交流探讨。我们将持续关注法学学习需求，以更开放的姿态完善知识体系，与广大师生共同推动本丛书内容的迭代优化。

"法律的生命不在逻辑，而在经验。"——愿我们在求索路上互为灯塔。

教学辅导中心
2025 年 8 月

# 《行政法与行政诉讼法配套测试》导言

行政法与行政诉讼法作为现代法治国家的重要制度载体，既是规范政府权力运行的"规矩绳墨"，也是保障公民权利的"法治盾牌"。为帮助读者系统掌握学科精髓、提升实务应用能力，本书编写组以"夯实基础—对接实务—强化应试"三维目标为导向，精心编纂本套测试题集。以下从学习指引、学科动态、学科重点与使用建议四个维度作导读说明。

## 一、学好本学科的方法指引

行政法体系具有理论性与实践性高度融合的特征。建议学习者采取"三位一体"研习策略：首先深度理解"行政行为三效力""比例原则""正当程序"等核心理论，搭建知识框架；其次通过最高人民法院指导性案例、典型行政诉讼判决书解析，实现理论与实践的认知迭代；最后关注行政执法体制改革、数字政府建设等前沿动态，培养法治思维能力。特别提示注意2023年新修订的《行政复议法》对程序规则的重大调整，以及《行政处罚法》2021年修订中新增的"首违不罚"制度创新。

## 二、学科立法动态与理论发展

当前行政法治呈现三大发展趋势：其一，行政程序法典化进程加速，多地已出台行政程序规定；其二，实践中出现大量新型行政行为规范，如告知承诺制审批；其三，数字行政法兴起，电子证照、算法行政等新型法律问题亟待规制。

## 三、学科重点与应试策略

从知识图谱看，五大板块构成考核核心：行政主体理论（含机构改革最新内容）、行政行为体系（重点关注行政协议、行政指导等新型行为）、行政复议与诉讼程序（注意新法修改要点）、国家赔偿构成要件、司法审查标准与判决类型。特别提醒：近年案例分析题呈现"复合型考点+程序实体交叉"命题特点。

## 四、本书使用指南

建议分三阶段使用本书：初期进行"章节同步训练"，通过基础题巩固知识要点；中期开展"专题突破"，利用案例题串联关联知识点；后期测试"综合测试题"，适应考试节奏。书中特别设计的"基础知识图解"可直观检测知识盲区。同时，每道题目后所附的解析可帮助读者厘清解题思路。

行政法与行政诉讼法的学习是一个循序渐进的过程。愿本书成为读者学习路上的得力助手，助力大家在理论钻研与实践应用中实现突破，为法治素养的提升与未来职业发展奠定坚实基础。

# 目 录

第一章 行政法概述 ································································································· 1
   基础知识图解 ······························································································· 1
   配套测试 ····································································································· 1
第二章 行政法的基本原则 ······················································································ 7
   基础知识图解 ······························································································· 7
   配套测试 ····································································································· 7
第三章 行政组织法 ······························································································ 12
   基础知识图解 ····························································································· 12
   配套测试 ··································································································· 12
第四章 公务员法 ································································································ 19
   基础知识图解 ····························································································· 19
   配套测试 ··································································································· 19
第五章 行政行为概述 ·························································································· 23
   基础知识图解 ····························································································· 23
   配套测试 ··································································································· 23
第六章 行政立法 ································································································ 29
   基础知识图解 ····························································································· 29
   配套测试 ··································································································· 29
第七章 授益行政行为 ·························································································· 35
   基础知识图解 ····························································································· 35
   配套测试 ··································································································· 35
第八章 负担行政行为 ·························································································· 45
   基础知识图解 ····························································································· 45
   配套测试 ··································································································· 45
第九章 行政机关的其他行为 ················································································· 61
   基础知识图解 ····························································································· 61
   配套测试 ··································································································· 62
第十章 行政司法 ································································································ 65
   基础知识图解 ····························································································· 65
   配套测试 ··································································································· 65
第十一章 行政应急 ······························································································ 67
   基础知识图解 ····························································································· 67
   配套测试 ··································································································· 67

## 第十二章　行政程序 ... 70
基础知识图解 ... 70
配套测试 ... 70

## 第十三章　行政复议 ... 73
基础知识图解 ... 73
配套测试 ... 73

## 第十四章　国家赔偿与补偿 ... 80
基础知识图解 ... 80
配套测试 ... 80

## 第十五章　行政诉讼 ... 85
基础知识图解 ... 85
配套测试 ... 85

## 第十六章　行政诉讼受案范围与管辖 ... 88
基础知识图解 ... 88
配套测试 ... 88

## 第十七章　行政诉讼参加人 ... 98
基础知识图解 ... 98
配套测试 ... 98

## 第十八章　行政诉讼证据 ... 103
基础知识图解 ... 103
配套测试 ... 103

## 第十九章　行政诉讼程序 ... 108
基础知识图解 ... 108
配套测试 ... 108

## 第二十章　行政诉讼法律适用 ... 116
基础知识图解 ... 116
配套测试 ... 116

## 第二十一章　行政诉讼裁判与执行 ... 119
基础知识图解 ... 119
配套测试 ... 119

## 第二十二章　涉外行政诉讼 ... 124
基础知识图解 ... 124
配套测试 ... 124

综合测试题一 ... 125
综合测试题二 ... 129
综合测试题三 ... 131

附录一：行政法与行政诉讼法学习所涉及的主要法律文件 ... 133
附录二：参考文献及推荐书目 ... 134

# 第一章　行政法概述

## 基础知识图解

行政法概述
- 行政法与行政法学
  - 行政的概念与特征
  - 行政法的概念、特征与作用
  - 行政法的历史发展
  - 行政法学
- 行政法的渊源
  - 行政法渊源的概念与特征
  - 我国行政法的渊源
- 行政法律关系
  - 行政关系与行政法律关系
  - 行政法律关系的分类
  - 行政法律关系的主体
  - 行政法律关系的内容、客体、特征与变动

## 配套测试

### 单项选择题

**1.** 实体行政法与程序行政法是以行政法的（　　）为标准对其所作的划分。
A. 调整对象的范围　　B. 作用　　C. 性质　　D. 功能

**2.** （　　）是产生行政关系的前提。
A. 行政职权的产生　　B. 行政职权的变更　　C. 行政职权的消灭　　D. 行政职权的行使

**3.** 监督行政法律关系的客体是（　　）。
A. 行政主体
B. 行政管理相对方
C. 行政主体的行政行为
D. 行政主体的行为

**4.** 以行政关系为调整对象的有关国家行政管理的各种法律的总和称为（　　）。
A. 行政法规　　B. 行政法　　C. 行政规章　　D. 行政法律

**5.** 下列何项不属于行政法律关系的构成要素？（　　）
A. 行政法律关系的主体
B. 行政法律关系的客体
C. 行政法律关系的内容
D. 行政法律关系的变动

**6.** 行政法的一个重要特点是（　　）。
A. 没有一部统一的法典
B. 有一部统一的法典
C. 我国没有一部统一的法典，但多数国家有一部统一的法典
D. 我国有一部统一的法典，但多数国家没有一部统一的法典

**7.** 下述社会关系中属行政法调整范围的是（　　）。
   A. 各社会组织内部的管理关系
   B. 行政机关缔结买卖合同而形成的关系
   C. 法律法规授权的组织行使某一行政管理权所发生的社会关系
   D. 行政机关与相对方当事人之间发生的民事关系

**8.** 下列选项中不是行政立法机关的有（　　）。
   A. 中华人民共和国商务部　　　　　　B. 河南省人民政府办公厅
   C. 深圳市人民政府　　　　　　　　　D. 国家税务总局

**9.** 下列关于行政法规的表述，能够成立的是（　　）。
   A. 行政法规由行政规章和地方性法规组成
   B. 行政法规的效力高于地方性法规和规章
   C. 行政法规是国务院及其所属部委制定的规范
   D. 行政法规是调整有关国家行政管理活动的法律规范的总称

**10.** 下列说法正确的是（　　）。
   A. 行政相对人是受行政行为直接影响的个人、组织
   B. 非法人组织不能作为行政相对人
   C. 行政机关、非法人组织也可能作为行政相对人
   D. 国家公务员不可能作为行政相对人

**11.** 下列说法错误的是（　　）。
   A. 间接相对人有时不能提起行政诉讼
   B. 抽象行政行为的相对人就是抽象相对人
   C. 区分授益相对人和侵益相对人的标准是行政行为对相对人权益影响的性质而不是行政主体行为的种类
   D. 行政相对人也是行政管理的参与人

**12.** 行政法规范在对行政关系加以调整后所形成的一种行政法上的权利义务关系即行政法律关系，下列不属于行政法律关系特征的一项是（　　）。
   A. 行政主体是必不可少的一方当事人
   B. 行政法律关系具有预先规定性与不可选择性
   C. 行政法律关系具有对等性
   D. 行政法律关系主体的权利与义务具有统一性

## 多项选择题

**1.** 行政组织法包括（　　）。
   A. 公务员法　　　B. 行政机关组织法　　　C. 行政编制法　　　D. 行政复议法

**2.** 下列关于行政救济关系和行政法制监督关系说法正确的有（　　）。
   A. 二者的侧重点不同，前者侧重于对相对人权利的补救，后者侧重于对行政权行使的监督
   B. 二者的主体范围不同
   C. 二者的启动都是被动的，都需要以行政相对人申请为前提
   D. 二者的当事人地位都是不完全对等的

**3.** 关于行政法律关系主体的权利义务的表述，正确的是（　　）。
   A. 行政法律关系主体的权利义务可以由双方当事人约定
   B. 行政法律关系主体的权利义务具有不对等性

C. 行政法律关系主体的权利义务是由法律规范事先规定的
D. 行政法律关系主体的权利义务是重合的

**4.** 某市交通局与某队交警甲签订了承包该队所属车辆检验合同。后交通局发现甲私买发票作检验收费凭证，对当事人乱罚、滥罚，遂单方终止了合同。甲不服，诉至法院。法院判决合同无效，追缴检验罚款。甲败诉的原因是（  ）。
A. 承包合同无效
B. 混淆了民事和行政两类不同的行为
C. 违反合同规定而败诉
D. 国家行政权不能承包，合同因此无效

**5.** 下列选项中正确的有（  ）。
A. 行政权是一种可以强制他人服从的力量
B. 行政权是一种必须加以控制的权力
C. 行政权只能为行政机关所享有
D. 行政权是职权与职责的统一

**6.** 行政权相对于其他国家权力而言，具有下列（  ）的特点。
A. 自由裁量性　　B. 强制性　　C. 主动性和广泛性　　D. 单方意志性

**7.** 下列有关行政法上的行政概念的说法正确的是（  ）。
A. 执行与管理没有截然的区分
B. 公行政就是国家行政
C. 静态行政是指行政机关、行政组织和行政人员
D. 动态行政是指行政活动、行政行为

**8.** 内部行政关系（  ）。
A. 包括行政机关与公务员之间的关系
B. 在行政关系中居于从属的地位
C. 受行政法调整的范围大于外部行政关系
D. 各类主体处于平等地位

**9.** 行政法规范的行政具有特定的含义，下列选项中关于行政法所研究的行政的正确说法是（  ）。
A. 行政法所研究的行政是指事业单位的组织管理活动
B. 行政法所研究的行政并非指所有由行政机关所实施的活动
C. 行政法所研究的行政是指所有由行政机关所实施的活动
D. 行政法所研究的行政以形式意义上的行政为主，以实质意义上的行政为补充

**10.** 下列属于行政法调整对象的有（  ）。
A. 行政管理关系　　　　　　　　B. 行政法制监督关系
C. 行政救济关系　　　　　　　　D. 内部行政关系

**11.** 行政救济关系（  ）。
A. 主体包括行政救济机关、行政主体和行政相对人
B. 部分与行政法制监督关系重合
C. 行政主体在其中居主导地位
D. 是行政法的调整对象之一

**12.** 下列哪些活动形成的关系属于行政法律关系？（  ）
A. 公安局给派出所干警纪律处分
B. 税务局干部上街宣传税法
C. 财政局取消不合法的收费项目

D. 人民法院审查市场监督管理局处罚决定

**13.** 某省卫生行政部门依《药品管理法》对所属药品公司进行管理而形成的相互关系，是（    ）。

A. 行政关系  B. 行政法律关系
C. 内部行政法律关系  D. 外部行政法律关系

**14.** 袁某代表所在公安机关，对殴打公民乙的公民甲处以拘留5日的处罚。在本案中，下列何项可能属于行政法律关系？（    ）

A. 公安机关与甲的关系  B. 公安机关与乙的关系
C. 袁某与甲、乙的关系  D. 公安机关与袁某的关系

**15.** 下列何项属于行政法律关系的特征？（    ）

A. 权利义务的不对等性  B. 权利义务的可处分性
C. 权利义务的重合性  D. 权利义务的法定性

**16.** 下列何项能引起行政法律关系的发生、变更或消灭？（    ）

A. 行政机关所作的行政处罚决定  B. 行政机关所作的行政许可决定
C. 行政机关租借办公用品的行为  D. 行政机关拒不履行法定职责的行为

**17.** 下列各项中的正确命题有（    ）。

A. 行政法律关系中的争议一律由法院按司法程序解决
B. 行政法律关系中总有一方主体是行政主体
C. 行政法律关系具有非对等性
D. 行政法律关系主体可以相互约定权利义务

**18.** 下列何项属于行政法形式上的特点？（    ）

A. 行政法没有统一、完整的法典
B. 行政法法规易于变动
C. 行政法规范的数量特别多
D. 行政法的实体性规范与程序性规范相互交织

**19.** 下列各项中正确的命题有（    ）。

A. 监督行政法律关系的存在是基于控制行政权的需要
B. 行政机关因参与民事诉讼而与人民法院之间的关系，属于监督行政法律关系
C. 监督行政法律关系主要是监督行政主体的行政行为
D. 行政诉讼法律关系是一种监督行政法律关系

**20.** 关于行政主体，以下说法正确的是（    ）。

A. 行政机关一定是行政主体
B. 以自己的名义行使行政权
C. 能够独立对外承担其行为产生的法律效果
D. 享有国家行政权力，实施行政活动

**21.** 关于行政关系和行政法律关系，以下说法正确的是（    ）。

A. 行政法律关系以国家强制力作为保障
B. 行政关系属于法律关系
C. 行政关系经行政法调整转为行政法律关系
D. 行政法律关系以行政关系为基础

**22.** 根据我国宪法和组织法的规定，有权制定规章的有（    ）。

A. 北京市人大及其常委会  B. 汕头市人民政府

C. 大连市人民政府　　　　　　　　　D. 云南迪庆藏族自治州人民政府

**23.** 在行政法中，下列哪些法律解释属于"正式法律解释"（具有普遍约束力）？（　　）
A. 立法解释（全国人大常委会对法律的解释）
B. 司法解释（最高人民法院、最高人民检察院对法律适用的解释）
C. 行政解释（国务院及部门对行政法规、规章的解释）
D. 地方立法解释（省级人大常委会对地方性法规的解释）
E. 地方政府规章解释（如某省政府对自身规章的解释）
F. 学理解释（法学专家对法律条文的学术观点）

**24.** 下列各项中是正确命题的有（　　）。
A. 行政法律规范只能由国家权力机关制定
B. 行政法律规范是行政法学的研究对象之一
C. 行政法律规范可以出现在不同效力等级的规范性文件中
D. 行政法律规范可以分为实体规范和程序规范

**25.** 下列可以成为行政相对人的有（　　）。
A. 某区公安局　　　　　　　　　　B. 国家公务员
C. 某外资企业　　　　　　　　　　D. 一个在中国旅游的菲律宾人

**26.** 有关行政相对人说法正确的是（　　）。
A. 行政相对人是指处在行政管理法律关系中的个人、组织
B. 行政相对人是指在行政管理法律关系中，其权益受到行政主体行政行为影响的个人、组织
C. 行政相对人受行政行为的影响，指的是直接影响，而非间接影响
D. 行政相对人是指行政管理法律关系中作为与行政主体相对应的另一方当事人的个人、组织

**27.** 下列属于行政相对人权利的有（　　）。
A. 申请权　　　　　　　　　　　　B. 参与权
C. 维护公益的权利　　　　　　　　D. 申诉、控告、检举权

**28.** 某市人民法院从商场购买办公用品，商场将办公用品送至法院，市人民法院发现办公用品为次品，要求商场退货，商场迟迟不予退货。于是，市人民法院向市消费者协会投诉，消费者协会查证属实后，向县市场监督管理局反映，县市场监督管理局对商场作出责令退货与罚款的决定。在这个行政管理活动中，行政管理相对人为（　　）。
A. 市人民法院　　　　　　　　　　B. 商场
C. 消费者协会　　　　　　　　　　D. 县市场监督管理局

**29.** 关于行政法律关系，下列说法正确的是（　　）。
A. 行政法律关系双方主体中必有一方是行政机关
B. 行政法律关系是由国家强制力保证实现的
C. 行政法律关系的产生以行政法律规范的存在为前提
D. 在行政法律关系的形成中，行政主体的意志和行为具有单方性

## 名词解释

1. 行政
2. 行政法
3. 行政关系
4. 行政法律关系
5. 行政管理关系

6. 行政法制监督关系
7. 行政救济关系
8. 行政主体
9. 行政法的法源
10. 行政法规
11. 自治条例和单行条例
12. 行政规章
13. 行政解释
14. 行政相对人
15. 正当程序权

## 简答题

1. 行政法有哪些特点？
2. 简述行政法所调整的行政关系的种类。
3. 简析行政关系与行政法律关系。
4. 简析行政主体与行政法主体。
5. 宪法作为行政法法源，其中包含哪些行政法规范？
6. 比较法律、行政法规与规章的异同。
7. 指导性案例在行政法中的作用。
8. 简述行政相对人的分类。

## 论述题

1. 试述我国的行政立法。
2. 论行政参与。
3. 个人、组织在行政法上的权利有哪些？

# 第二章 行政法的基本原则

## 基础知识图解

行政法的基本原则
- 概述
  - 行政法基本原则的概念与意义
  - 行政法基本原则体系
- 依法行政原则
  - 职权法定
  - 法律优先
  - 法律保留
- 行政合理性原则
  - 比例原则
  - 平等对待
- 程序正当原则
  - 行政公开
  - 程序公正
  - 公众参与
- 诚信原则
  - 诚实守信
  - 信赖保护
- 高效便民原则
  - 高效原则
  - 便民原则
- 监督与救济原则
  - 监督原则
  - 救济原则

## 配套测试

### 单项选择题

**1.** 合理性原则产生的主要原因在于（　　）。
A. 行政违法行为的存在
B. 行政自由裁量权的存在
C. 公务员政治、业务素质的差异
D. 行政管理事项的复杂性、易变性

**2.** （　　）不符合行政合法性原则。
A. 行政机关在法定限度内行使行政自由裁量权
B. 地方政府制定并实施地方规章
C. 市场监督管理部门吊销违法企业的营业执照
D. 行政机关任意将行政职权委托给社会组织行使

**3.** 行政法的基本原则是（　　）。

A. 合法性原则　　　　B. 行政法治原则　　　　C. 合理性原则　　　　D. 应急性原则

**4.** 关于行政法的比例原则，下列哪一说法是正确的？（　　）

A. 是权责统一原则的基本内容之一

B. 主要适用于羁束行政行为

C. 是合法行政的必然要求

D. 属于实质行政法治范畴

**5.** 关于合理行政原则，下列哪一选项是正确的？（　　）

A. 遵循合理行政原则是行政活动区别于民事活动的主要标志

B. 合理行政原则属实质行政法治范畴

C. 合理行政原则是一项独立的原则，与合法行政原则无关

D. 行政机关发布的信息应准确是合理行政原则的要求之一

**6.** 在不使用行政强制措施也能实现行政管理目的的情况下，应当放弃实施行政强制措施。以下哪个原则体现了此种说法？（　　）

A. 比例原则　　　　　　　　　　　B. 公平公正原则

C. 考虑相关因素原则　　　　　　　D. 行政效率原则

**7.** 某自然资源和规划局以张某未取得建筑工程规划许可证在其经营的商铺外侧加建小棚为由，作出责令立即停止建设通知书，同时，查封了违法建设施工现场和正在经营的商铺。该查封违反下列哪一原则？（　　）

A. 诚实守信　　　　B. 高效便民　　　　C. 权责一致　　　　D. 合理行政

## 多项选择题

**1.** 行政合理性原则的内在含义包括（　　）。

A. 行政行为必须符合法律的目的、精神

B. 行政行为必须符合公正法则

C. 行政行为必须具有合理的动机

D. 行政行为必须考虑相关的因素

**2.** 关于行政法基本原则说法正确的有（　　）。

A. 行政法基本原则过于宏观和抽象，不能作为行政行为实施和处理行政争议的依据

B. 从调整范围上来讲，基本原则大于原则，原则大于规则

C. 行政法的基本原则具有思想性，是由学者加以概括、归纳和提炼的

D. 世界上没有一个各国共有和学者普遍接受的基本原则，所以我们应该从我国国情出发，大力推进法制的本土化，无须借鉴国外经验

**3.** 依法行政原则的基本含义为（　　）。

A. 是指政府的一切行政行为都应依法而为，受法之拘束

B. 该原则包括三项子原则，即职权法定原则、法律优先原则（消极的依法行政）、法律保留原则

C. 依法行政中的"法"应是善法，而不能是恶法

D. 行政指导是法律没有规定的行为，行政机关实施行政指导行为是与依法行政的原则相冲突

**4.** 下列做法不符合比例原则的有（　　）。

A. 甲、乙两人因纠纷发生口角，公安机关以扰乱社会秩序为由给予两人15天的行政拘留

B. 李某经过房管局批准建一栋五层小楼，但在施工过程中，私自加至七层，房管局以其违章

建房要求把楼房全部拆除
C. 某文化主管部门在打击盗版活动中指示，要把盗版者打个倾家荡产
D. 某国计划在某海湾建立第十座核电站，经过多方面论证后，认为该行为对当地居民生活造成不良影响，并使栖居此地的一种珍贵海鸟绝迹，遂取消建设计划，而改用成本较低的风力发电

**5.** 下列属于行政公正原则实体公正要求的有（　　）。
A. 依法办事，不偏私　　　　　　　B. 自己不做自己的法官
C. 不单方接触　　　　　　　　　　D. 合理考虑相关因素，不专断

**6.** 行政效率的原则要求（　　）。
A. 效率第一，公正第二
B. 在决策时，进行行政行为的成本-效益分析
C. 精简行政机构、精简人员
D. 严格遵循行政程序和时限

**7.** 下列何项属于行政应急权力应具备的条件？（　　）
A. 存在明确无误的紧急危险
B. 行使前应经过严格的审批程序
C. 行政机关作出应急行为应受有权机关的监督
D. 应急权力的行使应该适度，应将负面损害控制在最小的限度和范围内

**8.** 程序正当是行政法的基本原则。下列哪些选项是程序正当要求的体现？（　　）
A. 实施行政管理活动，注意听取公民、法人或其他组织的意见
B. 对因违法行政给当事人造成的损失主动进行赔偿
C. 严格在法律授权的范围内实施行政管理活动
D. 行政执法中要求与其管理事项有利害关系的公务员回避

**9.** 合理行政是依法行政的基本要求之一。下列哪些做法体现了合理行政的要求？（　　）
A. 行政机关在作出重要决定时充分听取公众的意见
B. 行政机关要平等对待行政管理相对人
C. 行政机关行使裁量权所采取的措施符合法律目的
D. 非因法定事由并经法定程序，行政机关不得撤销已生效的行政决定

**10.** 高效便民是社会主义法治理念的要求，也是行政法的基本原则。关于高效便民，下列哪些说法是正确的？（　　）
A. 是依法行政的重要补充
B. 要求行政机关积极履行法定职责
C. 要求行政机关提高办事效率
D. 要求行政机关在实施行政管理时排除不相关因素的干扰

**11.** 高效便民是行政管理的基本要求，是服务型政府的具体体现。下列哪些选项体现了这一要求？（　　）
A. 简化行政机关内部办理行政许可流程
B. 非因法定事由并经法定程序，行政机关不得撤回和变更已生效的行政许可
C. 对办理行政许可的当事人提出的问题给予及时、耐心的答复
D. 对违法实施行政许可给当事人造成侵害的执法人员予以责任追究

**12.** 程序正当是行政法的基本原则。下列哪些选项是程序正当要求的体现？（　　）
A. 实施行政管理活动，注意听取公民、法人或其他组织的意见

B. 对因违法行政给当事人造成的损失主动进行赔偿

C. 严格在法律授权的范围内实施行政管理活动

D. 行政执法中要求与其管理事项有利害关系的公务员回避

13. 廖某在某镇沿街路边搭建小棚经营杂货,县建设局下发限期拆除通知后强制拆除,并对廖某作出罚款2万元的处罚。廖某起诉,法院审理认为廖某所建小棚未占用主干道,其违法行为没有严重到既需要拆除又需要实施顶格处罚的程度,判决将罚款改为1000元。法院判决适用了下列哪些原则?(　　)

A. 行政公开原则　　B. 比例原则　　C. 合理行政原则　　D. 诚实守信原则

14. 合法行政是行政法的重要原则。下列哪些做法违反了合法行政要求?(　　)

A. 某规章规定行政机关对行政许可事项进行监督时,不得妨碍被许可人正常的生产经营活动

B. 行政机关要求行政处罚听证申请人承担组织听证的费用

C. 行政机关将行政强制措施权委托给另一行政机关行使

D. 行政机关对行政许可事项进行监督时发现直接关系公共安全、人身健康的重要设备存在安全隐患,责令停止使用和立即改正

15. 某县政府发布通知,对直接介绍外地企业到本县投资的单位和个人按照投资项目实际到位资金金额的1‰奖励。经张某引荐,某外地企业到该县投资500万元,但县政府拒绝支付奖励金。县政府的行为不违反下列哪些原则或要求?(　　)

A. 比例原则　　B. 行政公开　　C. 程序正当　　D. 权责一致

## 名词解释

1. 依法行政原则
2. 信赖保护原则
3. 比例原则
4. 正当程序原则
5. 行政公正原则
6. 行政公开原则
7. 行政公平原则

## 简答题

1. 简述行政合法性原则的含义及其具体内容。
2. 试简述行政法中的越权无效原则。
3. 谈一下行政法中的法律保留原则。

## 论述题

行政法的基本原则有何功能?

## 案例分析题

王某系从事饮食业的个体工商户,出售自制的雪糕,其雪糕未经有关部门检验。这一行为被某市场监管所查获。根据当时实施的相关部门规章的规定,对此类违法行为,应予以警告、没收违禁食品和违法所得,并处以违法所得一倍以上五倍以下罚款,没有违法所得的,处以1万元以下罚款;情节严重的,可责令停业整顿或者吊销其营业执照。在市场监管所查获前王某出售雪糕

共获利230元。根据上述有关规定,市场监管所没收了王某尚未出售的雪糕,没收其违法所得230元,并且市场监管所认为王某曾因故意伤害罪而被判刑3年,一年前刚出狱,因此要重罚,又处以王某1150元的罚款。

问题:市场监管所对王某的违法行为进行的行政处罚是否合法适当,是否符合行政法的基本原则?

# 第三章 行政组织法

## 基础知识图解

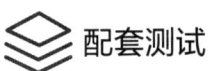

## 配套测试

### 单项选择题

**1.** (　　) 在一般情况下是各类行政法律关系的必要当事人。
A. 行政机关　　　　B. 法人　　　　C. 其他组织　　　　D. 公民

**2.** 下列有关国家公职关系的说法错误的是 (　　)。
A. 国家公职关系包括人事管理关系与特别劳动关系
B. 调任可以导致国家公职关系的产生
C. 辞退可以导致国家公职关系的消灭
D. 国家公职关系是国家公务员与行政机关之间发生的关系

**3.** 有关我国行政机关说法正确的是 (　　)。
A. 地方人民政府的工作部门由本级人民政府自行决定
B. 民族自治地方的人民政府既是民族自治地方人民代表大会的执行机关，也是民族自治地方的行政机关
C. 烟草专卖局是国务院的直属机构
D. 我国行政机关实行双重领导制

**4.** 下列有关行政机关的管理手段的说法错误的是（　　）。
  A. 在市场经济条件下计划手段仍然有重要的作用
  B. 税收和财政是政府宏观调控国家经济的重要手段
  C. 行政合同广泛适用于各个行政管理领域
  D. 行政指导也应接受法律的规范

**5.** 下列关于行政机关的说法，错误的是（　　）。
  A. 是行使国家行政权力的机关
  B. 在组织体系行政上实行领导-从属制
  C. 在决策体制上一般实行集体负责制
  D. 通常主动行使职权

**6.** 下列关于中央行政机关的说法，正确的是（　　）。
  A. 中央行政机关包括国务院及其各部委
  B. 国务院实行总理负责制，各项问题都由总理听取各方面意见后作出决定
  C. 国务院直属机构、办事机构由国务院根据工作需要及精简的原则设立，无须全国人大或全国人大常委会批准
  D. 国务院的工作部门的设立须由全国人大决定

**7.** 我国各自治区人民政府实行自治区（　　）。
  A. 区长负责制  B. 主席负责制
  C. 政府委员会负责制  D. 政府委员会主任负责制

**8.** 我国国务院各部、委的设立、撤销或合并，依法应由（　　）。
  A. 全国人大决定  B. 国务院总理决定
  C. 国务院常务会议决定  D. 国务院全体会议决定

**9.** 行政优先权是指行政机关行使职权时，依法享有的种种优先资格。例如：（　　）。
  A. 获得社会协助权  B. 作为债权人时的优先受偿权
  C. 依法实施行政强制权  D. 进行行政处罚权

**10.** 国家行政机关最基本的属性是（　　）。
  A. 执行性和从属法律性  B. 统一领导、分级管理
  C. 拥有广泛的行政权力  D. 强调行政管理的效率性

**11.** 根据行政法规规定，县级以上地方各级政府机构编制管理机关应当评估行政机构和编制的执行情况。关于此评估，下列哪一说法是正确的？（　　）
  A. 评估应当定期进行
  B. 评估具体办法由国务院制定
  C. 评估结果是调整机构编制的直接依据
  D. 评估同样适用于国务院行政机构和编制的调整

**12.** 甲市某县生态环境局与水利局对职责划分有异议，双方协商无法达成一致意见。关于异议的处理，下列哪一说法是正确的？（　　）
  A. 提请双方各自上一级主管机关协商确定
  B. 提请县政府机构编制管理机关决定
  C. 提请县政府机构编制管理机关提出协调意见，并由该机构编制管理机关报县政府决定
  D. 提请县政府提出处理方案，经甲市政府机构编制管理机关审核后报甲市政府批准

**13.** 关于国务院行政机构设置和编制管理的说法，下列哪一选项是正确的？（　　）
  A. 国务院议事协调机构的撤销经由国务院常务会议讨论通过后，由国务院总理提交国务院全

体会议讨论决定

B. 国务院行政机构增设司级内设机构，由国务院机构编制管理机关提出方案，报国务院决定

C. 国务院议事协调机构的编制根据工作需要单独确定

D. 国务院行政机构的编制在国务院行政机构设立时确定

**14.** 国家税务总局为国务院直属机构，就其设置及编制，下列哪一说法是正确的？（　　）

A. 设立由全国人大及其常委会最终决定

B. 合并由国务院最终决定

C. 编制的增加由国务院机构编制管理机关最终决定

D. 依法履行国务院基本的行政管理职能

**15.** 甲省乙市政府拟将本市的规划局与自然资源局合并为自然资源和规划局，应当报下列哪一机关批准？（　　）

A. 国务院　　　　B. 乙市政府　　　　C. 甲省政府　　　　D. 乙市人大常委会

**16.** 某村村干部乙批给甲一处宅基地，甲随即开始建房，村委会以其不同意为名阻止甲。甲以宅基地已批给自己使用和持有县政府颁发的房屋确权证为由继续建房。村委会报告乡政府并经同意后，限甲15日内拆除所建房屋，甲不服，应以（　　）为被告。

A. 乡政府　　　　B. 县政府　　　　C. 村干部　　　　D. 村委会

**17.** 某市市场监督管理局把没收的假药卖给当地某医院，该医院出售这批假药时被市卫生行政部门发现，经查实对市市场监督管理局及医院分别进行了行政处罚，本案中的行政主体是（　　）。

A. 市市场监督管理局　　　　B. 医院

C. 市人民政府　　　　D. 市卫生行政部门

**18.** 行政主体（　　）。

A. 即行政法律关系主体

B. 包括行政机关及其公务员

C. 必须是能以自己名义进行行政行为的组织

D. 还包括法律、法规授权的组织及受行政机关委托行使行政权力的组织

**19.** 某县市场监督管理局委托该县农业技术推广站对贩卖假种子的单位和个人行使处罚权，技术推广站应当以谁的名义行使处罚权？（　　）

A. 县市场监督管理局　　　　B. 农业技术推广站

C. 农业技术推广站执法队　　　　D. 县人民政府

**20.** 国务院某部拟合并处级内设机构。关于机构合并，下列哪一说法是正确的？（　　）

A. 该部决定，报国务院机构编制管理机关备案

B. 该部提出方案，报国务院机构编制管理机关批准

C. 国务院机构编制管理机关决定，报国务院备案

D. 国务院机构编制管理机关提出方案，报国务院决定

**21.** 经某市人民政府批准，市节水办受市公用事业管理局的委托对某企业进行了处罚。这里的行政主体是（　　）。

A. 市人民政府　　　　B. 市公用事业管理局

C. 市节水办　　　　D. 实施处罚的公务员

**22.** 下列各项中，不具有行政主体资格的是（　　）。

A. 乡、镇人民政府　　　　B. 公安派出所

C. 街道办事处　　　　D. 公安局法制科

**23.** 根据《国务院组织法》的规定，国务院发布行政法规由（　　）签署。
　　A. 总理　　　　　　　　　　　　B. 主管的副总理
　　C. 秘书长　　　　　　　　　　　D. 国务委员

**24.** 下列关于行政主体的说法，正确的是（　　）。
　　A. 行政主体就是行政机关
　　B. 行政主体包括行政机关和公务员
　　C. 行政主体是能以自己的名义行使行政权并独立承担法律责任的组织
　　D. 行政主体只能是职权性行政主体

**25.** 以下各项中可能成为行政主体的是（　　）。
　　A. 被委托的组织　　　　　　　　B. 被委托的个人
　　C. 被授权的组织　　　　　　　　D. 公务员

**26.** 下列哪项属于行政授权？（　　）
　　A. 《植物检疫条例》规定，县级以上地方各级农业部门所属的植物检疫机构负责行使植物检疫权
　　B. 某县政府的文件规定，县自来水公司行使节约用水、计划用水的行政执法权
　　C. 某生态环境局局长要求一副局长代行其外出期间的局长职权
　　D. 《宪法》规定国务院行使省、自治区、直辖市范围内部分地区的戒严权

**27.** 下列各项中，不属于行政职权的是（　　）。
　　A. 行政处罚权　　B. 行政复议权　　C. 行政指导权　　D. 行政审判权

## 多项选择题

**1.** 判断行政机关是不是行政主体需要以一定的标准为依据，以下的选项中是行政主体的资格条件有（　　）。
　　A. 是否具有行政职权　　　　　　B. 能否以自己的名义行使职权
　　C. 能否成为行政诉讼的被告　　　D. 管理的是内部事务还是外部事务

**2.** 下列属于国务院组成人员的是（　　）。
　　A. 国务委员　　　　　　　　　　B. 中国人民银行行长
　　C. 海关总署署长　　　　　　　　D. 国家税务总局局长

**3.** 根据《国务院组织法》的规定，国务院部、委的设立程序是（　　）。
　　A. 总理提出，全国人民代表大会决定
　　B. 总理提出，国家主席决定
　　C. 总理提出，全国人大常委会决定
　　D. 总理提出，在全国人民代表大会闭会期间由全国人大常委会决定

**4.** 根据行政机关的权力来源，行政机关可分为（　　）。
　　A. 一般权限行政机关　　　　　　B. 实体行政机关
　　C. 派出行政机关　　　　　　　　D. 部门权限行政机关

**5.** 下列（　　）属于行政职权。
　　A. 行政立法权　　B. 自由裁量权　　C. 规章制定权　　D. 行政处罚权

**6.** 根据行政法学对行政机关的分类理论，下列哪些选项是正确的表述？（　　）
　　A. 乡政府是一般权限行政机关　　B. 地区行署是省政府的派出机关
　　C. 审计局是专业性行政机关　　　D. 国家税务总局是国务院的工作部门

**7.** 下列哪项属于我国行政机构的设置原则？（　　）

A. 公正合理原则 B. 适应需要原则
C. 依法设置原则 D. 精简效能原则

**8.** 中华人民共和国体育运动委员会的设立、撤销或合并（　　）。

A. 应由国务院总理决定

B. 应由国务院全体会议决定

C. 应由全国人民代表大会决定

D. 在全国人大闭会期间，应由全国人大常委会决定

**9.** 下列哪些事项属于国务院行政机构编制管理的内容？（　　）

A. 机构的名称 B. 机构的职能
C. 机构人员的数量定额 D. 机构的领导职数

**10.** 甲市为乙省政府所在地的市。关于甲市政府行政机构设置和编制管理，下列说法正确的是（　　）。

A. 在一届政府任期内，甲市政府的工作部门应保持相对稳定

B. 乙省机构编制管理机关与甲市机构编制管理机关为上下级领导关系

C. 甲市政府的行政编制总额，由甲市政府提出，报乙省政府批准

D. 甲市政府根据调整职责的需要，可以在行政编制总额内调整市政府有关部门的行政编制

**11.** 下列可以成为行政主体的是（　　）。

A. 法律、法规授权的组织 B. 行政机关
C. 公务员 D. 受行政机关委托的组织

**12.** 根据行政职权的产生方式，行政主体可以划分为（　　）。

A. 授权性行政主体 B. 内部行政主体
C. 职权性行政主体 D. 外部行政主体

**13.** 下列属于行政组织法研究内容的有（　　）。

A. 国家行政机关的性质和法律地位

B. 国家行政机关的组成及结构

C. 国家行政机关的职权

D. 国家行政机关设立、变更、撤销的程序

**14.** 下列有关行政机关、行政主体和行政法主体关系说法正确的是（　　）。

A. 行政法主体是行政法调整的各种行政关系的参加人

B. 行政法主体是行政主体的一种

C. 行政主体只有在行政管理关系中才具有真正的行政主体的地位

D. 行政机关是最重要的一种行政主体

**15.** 下列属于行政主体的有（　　）。

A. 国务院

B. 某市场监督管理局

C. 某县人民政府

D. 法律授权的具有管理公共事务职能的组织

E. 受行政机关委托的组织

**16.** 根据《行政处罚法》的规定，接受委托行使行政处罚权的组织应当具备的条件有（　　）。

A. 是依法成立的管理公共事务的事业组织

B. 有熟悉有关法律、法规、规章和业务的人员

C. 受委托组织必须是县级以上
D. 对违法行为需要进行技术检查或者技术鉴定的，应当有条件组织进行相应的技术检查或者技术鉴定

**17.** 关于被授权组织法律地位说法正确的有（　　）。
A. 因为被授权组织是行政主体，所以与行政机关具有完全相同的法律地位
B. 被授权组织只有在行使被授职能时，才成为行政主体
C. 被授权组织以自己名义行使法律、法规所授权的职能，并由其本身就行使被授职能的行为对外承担法律责任
D. 被授权组织在非行使行政职能的场合，不享有行政权，不具有行政主体地位

**18.** 有关行政机关委托的组织说法正确的有（　　）。
A. 受委托组织行使职能是以委托行政机关的名义，其行为对外的法律责任应由委托行政机关承担
B. 接受委托的组织不得再次委托
C. 受委托组织不是行政主体
D. 受委托组织不是行政机关，也不是其他国家机关，其基本职能是从事其他非国家职能性质的活动

## 名词解释

1. 行政机关
2. 地方国家行政机关
3. 地方人民政府的派出机关（派出行政机关）
4. 非常设性行政机关
5. 行政法主体
6. 受委托组织
7. 行政机关
8. 法律、法规授权的组织
9. 行政授权

## 简答题

1. 简述行政职责的内容及其特点。
2. 简述行政机关职权的内容及其特点。
3. 简述行政机关的主要管理手段。
4. 简述行政主体与行政机关的区别。
5. 如何理解我国的行政主体制度？
6. 简述法律、法规授权组织的法律地位。

## 论述题

1. 试论行政机关职责与职权的关系。
2. 论行政委托情形下的行政主体。

## 案例分析题

2022年9月田某考入某大学，取得本科生学籍。2024年2月，田某在参加一课程补考过程

中，随身携带有该课程公式的纸条，中途去厕所时，纸条掉出，被监考老师发现。监考老师虽未发现田某有偷看纸条的行为，但还是按照考场纪律，当即停止了田某的考试。同时，某大学于同年3月5日按照该校《关于严格考试管理的紧急通知》之规定，决定对田某按退学处理。田某不服，遂向法院提起诉讼。

问：某大学对田某作退学处理的行为，是否属于行政法意义上的行政？该大学在这一行为中属于什么性质的主体？

# 第四章 公务员法

## 基础知识图解

公务员法
- 概述
  - 公务员
  - 公务员法
  - 公务员制度的历史发展
  - 品位分类与职位分类
- 公务员的义务与权利
  - 公务员的义务
  - 公务员的权利
- 公务员的进入与退出机制
  - 公务员的录用
  - 公务员的职务任免
  - 公务员的退出机制
- 公务员的激励机制
  - 公务员的物质保障
  - 公务员的考核
  - 公务员的奖励
  - 公务员的责任
  - 公务员的职务升降

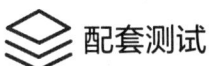

配套测试

## 单项选择题

**1.** 科员以上职务的公务员在定期考核中被确定为不称职，应按照规定予以（　　）。
A. 降级　　　　　B. 降职　　　　　C. 辞退　　　　　D. 开除

**2.** 新录用的公务员，试用期为（　　）。
A. 6个月　　　　B. 3个月　　　　C. 1年　　　　　D. 2年

**3.** 公务员（　　）。
A. 是在中央和地方各级国家行政机关工作的全体人员
B. 须经法定方式和程序任用
C. 分为政务类和业务类公务员
D. 可在行政法律关系中充当一方当事人

**4.** 王某经过考试成为某县财政局新录用的公务员，但因试用期满不合格，被取消录用。下列哪一说法是正确的？（　　）
A. 对王某的试用期限，由某县财政局确定

B. 对王某的取消录用，应当适用辞退公务员的规定

C. 王某不服取消录用向法院提起行政诉讼的，法院应当不予受理

D. 对王某的取消录用，在性质上属于对王某的不予录用

**5.** 某机关干部王某因玩忽职守被要求引咎辞职，该引咎辞职属于（　　）。

A. 刑事处罚的必经程序　　　　　　B. 取消公务员资格

C. 行政处分　　　　　　　　　　　D. 行政问责

**6.** 关于公务员职务、职级，下列哪一说法是错误的？（　　）

A. 国家实行公务员职务与职级并行制度

B. 公务员的职务、职级与级别是确定公务员工资福利待遇的依据

C. 职级在县处级以下设置

D. 公务员职级实行委任制和聘任制

**7.** 关于公务员录用的做法，下列哪一选项是正确的？（　　）

A. 县公安局经市公安局批准，简化程序录用一名特殊职位的公务员

B. 区财政局录用一名曾被开除过公职但业务和能力优秀的人为公务员

C. 市生态环境局以新录用的公务员李某试用期满不合格为由，决定取消录用

D. 国务院卫生行政部门规定公务员录用体检项目和标准，报中央公务员主管部门备案

## ☑ 多项选择题

**1.** 下列人员中属于公务员的有哪些？（　　）

A. 乡政府的办事员

B. 通过某政府部门公务员考试，但尚在试用期的人员

C. 某县人民法院法官

D. 某省政府大楼的保安

**2.** 我国公务员权利义务的特点有（　　）。

A. 公务员的义务同时又都是权利

B. 公务员享有公民所不能享有的某些权利

C. 公务员的权利因公职而受到一定限制

D. 公务员的义务与职业道德规范有密切联系

**3.** 按照我国现行法律的规定，公务员任用的主要方式有（　　）。

A. 选任　　　　B. 考任　　　　C. 聘任　　　　D. 委任

**4.** 下列有关公务员回避说法正确的是（　　）。

A. 公务员之间有夫妻关系、直系血亲关系、三代以内旁系血亲以及近姻亲关系的，不得在同一机关担任双方直接隶属于同一领导人员的职务或者有直接上下级领导关系的职务，也不得在其中一方担任领导职务的机关从事组织、人事、纪检、监察、审计和财务工作

B. 公务员执行公务时，涉及本人或涉及与本人有上述亲属关系人员的利害关系的，必须回避

C. 公务员担任县级以下人民政府领导职务的，不得在原籍任职

D. 回避是为保障公务员公正执行公务和树立行政机关的公正形象

**5.** 《公务员法》规定的辞退有（　　）。

A. 在年度考核中，连续两年被确定为不称职的

B. 不能胜任现职工作，又不接受其他安排的

C. 因所在单位调整、撤销合并或缩减编制员额需要调整工作，本人拒绝合理安排的

D. 旷工或者因公外出、请假期满无正当理由逾期不归连续超过15天，或者一年内累计超过

30 天的

**6.** 引起公务员法律关系变更的，主要包括（　　）。
A. 降职　　　　　　B. 交流　　　　　　C. 撤职　　　　　　D. 晋升

**7.** 区公安分局干警甲"五一"休假外出游玩，突遇到两伙人打架斗殴，甲随即拔枪上前准备过去制止。不料枪支走火，将旁观者乙打伤。甲的行为属于什么性质？（　　）
A. 个人行为，因为未穿制服
B. 职务行为，因为制止犯罪是干警的职责
C. 个人行为，因为是在下班期间
D. 职务行为，因为是在执行职务

**8.** 下列说法中正确的有（　　）。
A. 公务员执行首长命令的行为是公务行为
B. 警察在下班期间制止犯罪的行为是公务行为
C. 公务员上班期间的行为是公务行为
D. 公务员在其管辖区域内所为的行为是公务行为

**9.** 下列哪些选项属于对公务员的处分？（　　）
A. 降级　　　　　　B. 免职　　　　　　C. 撤职　　　　　　D. 责令辞职

**10.** 孙某为某行政机关的聘任制公务员，双方签订聘任合同。下列哪些说法是正确的？（　　）
A. 对孙某的聘任须按照公务员考试录用程序进行公开招聘
B. 该机关应按照《公务员法》和聘任合同对孙某进行管理
C. 对孙某的工资可以实行协议工资
D. 如孙某与该机关因履行聘任合同发生争议，可以申请仲裁

**11.** 关于公务员的辞职和辞退，下列哪些说法是正确的？（　　）
A. 重要公务尚未处理完毕的公务员，不得辞去公职
B. 领导成员对重大事故负有领导责任的，应引咎辞去公职
C. 对患病且在规定的医疗期内的公务员，不得辞退
D. 被辞退的公务员，可根据国家有关规定享受失业保险

**12.** 根据《公务员法》规定，经省级以上公务员主管部门批准，机关根据工作需要可以对下列哪些职位实行聘任制？（　　）
A. 涉及国家秘密的职位　　　　　　B. 专业性较强的职位
C. 辅助性职位　　　　　　　　　　D. 机关急需的职位

## 不定项选择题

**1.** 王某为某县人力资源和社会保障局的一名科长，因违纪受到降级处分。下列何种说法不符合《公务员法》的规定？（　　）
A. 王某对处分不服，可自接到处分决定之日起 30 日内向某县人事局提出申诉
B. 王某对处分不服申请复核时，复核期间应暂停对王某的处分
C. 王某受处分期间，不得晋升级别和享受年终奖金
D. 处分解除后，王某的原级别即自行恢复

**2.** 关于聘任制公务员，下列做法正确的是（　　）。
A. 某县保密局聘任两名负责保密工作的计算机程序员
B. 某县财政局与所聘任的一名精算师实行协议工资制

C. 某市林业局聘任公务员的合同期限为十年
D. 某县公安局聘任网络管理员的合同需经上级公安机关批准

## 名词解释

1. 公务员
2. 公务员法律关系
3. 公务员的责任
4. 公务员考核制度
5. 公务员回避制度
6. 公职关系

## 简答题

1. 简述我国公务员的惩戒制度和奖励制度。
2. 简述导致公务员公职关系消灭的事由。

## 论述题

论我国公务员的法律地位。

# 第五章　行政行为概述

## 基础知识图解

行政行为概述
- 概念和特征：享有行政权能的组织或个人运用行政权对行政相对人所作的法律行为 { 单方性 / 强制性 / 无偿性 }
- 分类
  - 抽象行政行为和具体行政行为（以相对人是否特定为标准）
  - 羁束行政行为与自由裁量行政行为（以行政主体对行政规范的适用有无灵活性为标准）
  - 依职权行政行为和应申请行政行为（以行政主体是否主动实施为标准）
  - 附款行政行为和无附款行政行为（以是否有附款为标准）
  - 授益行政行为和不利行政行为（以行政相对人是否受益为标准）
  - 要式行政行为和非要式行政行为（以是否必备某种法定形式为标准）
  - 作为行政行为和不作为行政行为（以是否改变现有法律状态为标准）
  - 独立行政行为和需补充行政行为（以是否需要其他行为作为补充为标准）
  - 内部行政行为和外部行政行为（以相对人的身份为标准）
- 模式
  - 概念
  - 价值
  - 模式化及定位

## 配套测试

### 单项选择题

**1.** 下列选项中的哪一组是关于行政行为从属性的正确理解？（　　）
①行政行为的实施必须有法律依据
②行政行为必须在行政首长指令的范围内实施
③行政行为一经作出，相对人必须遵守和服从
④行政行为是受法律约束的行为
A. ①③④　　　　　B. ①④　　　　　C. ②④　　　　　D. ①②③④

**2.** 某市税务局行为属于外部行政行为的是（　　）。
A. 征收税款的行为　　　　　　　　B. 购买办公用品的行为
C. 租用办公用房的行为　　　　　　D. 分配内部公用车辆的行为

**3.** 下列有关自由裁量行政行为说法错误的是（　　）。

A. 是相对于羁束行政行为而言的　　　　B. 也称任意裁量
C. 其中也有羁束的因素　　　　　　　　D. 应服从法律的授权目的

**4.** 某地连续发生数起以低价出售物品引诱当事人至屋内后实施抢劫的事件，当地公安局通过手机短信告知居民保持警惕以免上当受骗。公安局的行为属于下列哪一性质？（　　）
A. 履行行政职务的行为　　　　　　　　B. 负担性的行为
C. 准备性行政行为　　　　　　　　　　D. 强制行为

**5.** 行政行为无效的法律后果体现的方面，下列不正确的是（　　）。
A. 司法机关可以不受时效限制审查该行为
B. 行政机关应将行政行为实施取得的利益返还
C. 行政行为自宣布无效之日起失去法律效力
D. 行政相对人可以自行决定不履行该行为设定的义务

**6.** 下列哪一选项是关于具体行政行为拘束力的正确理解？（　　）
①具体行政行为具有不再争议性，相对人不得改变具体行政行为
②行政主体非经法定程序不得任意改变或撤销具体行政行为
③相对人必须遵守和实际履行具体行政行为规定的义务
④具体行政行为在行政复议或行政诉讼期间不停止执行
A. ①②　　　　B. ①②④　　　　C. ②③　　　　D. ③④

**7.** 下列行为中的（　　），行政相对人不可以以其无效为由拒绝执行。
A. 某乡政府对未交提留款的农民进行行政拘留
B. 某行政机关在处罚当事人时应适用听证程序而未适用
C. 个体户李某以暴力威胁手段迫使市场监督管理局同意吊销其竞争对手王某的营业执照
D. 某市场监督管理局公务员不表明身份即向摊贩收取市场管理费用

**8.** 为落实淘汰落后产能政策，某区政府发布通告：凡在本通告附件所列名单中的企业两年内关闭。提前关闭或者积极配合的给予一定补贴，逾期不履行的强制关闭。关于通告的性质，下列哪一选项是正确的？（　　）
A. 行政规范性文件　　　　　　　　　　B. 具体行政行为
C. 行政给付　　　　　　　　　　　　　D. 行政强制

**9.** 下列哪一项行政机关实施的行为属于具体行政行为？（　　）
A. 公安交管局在辖区内城市快速路入口处悬挂"危险路段，谨慎驾驶"的横幅
B. 县公安局依照《刑事诉讼法》对李某进行拘留
C. 区政府对王某作出房屋征收决定
D. 因民间纠纷引起的打架斗殴双方经公安派出所调解达成的协议

**10.** 某县政府依田某申请作出复议决定，撤销某县公安局对田某车辆的错误登记，责令在30日内重新登记，但某县公安局拒绝进行重新登记。田某可以采取下列哪一项措施？（　　）
A. 申请法院强制执行　　　　　　　　　B. 对某县公安局的行为申请行政复议
C. 向法院提起行政诉讼　　　　　　　　D. 请求某县政府责令某县公安局登记

## 多项选择题

**1.** 依照有关法律规定，具有法人资格的社会团体应当自批准成立之日起60日内向登记管理机关备案，登记管理机关自收到备案文件之日起30日内发给社团登记证书。社团登记管理机关的上述行为是下列哪种行为？（　　）
A. 依职权行政行为　　　　　　　　　　B. 要式行政行为

C. 自由裁量行政行为　　　　　　　　D. 羁束行政行为

**2.** 下列关于抽象行政行为与具体行政行为区别的选项中正确的有（　　）。

A. 抽象行政行为一般调整不特定的多数人和事，而具体行政行为仅仅针对特定的对象

B. 抽象行政行为针对未来发生的事，而具体行政行为都是针对已经发生的事

C. 抽象行政行为主要表现为规范性，而具体行政行为表现为确定性

D. 抽象行政行为可以反复适用，具体行政行为只适用一次

**3.** 下列有关区分抽象行政行为与具体行政行为的意义表述中正确的有（　　）。

A. 抽象行政行为与具体行政行为的成立与生效要件不同

B. 抽象行政行为与具体行政行为受监督与审查的范围与程序不同

C. 行政机关对于抽象行政行为与具体行政行为所拥有的自由裁量权不同

D. 抽象行政行为与具体行政行为的表现形式不同

**4.** 下列行为中，属于行政行为的有（　　）。

A. 一个行政机关购买办公用品

B. 行政机关制定规范性文件

C. 街道办事处与居委会签订卫生管理承包合同

D. 发布天气预报

**5.** 下列有关行政行为效力说法正确的有（　　）。

A. 公定力是指行政行为一经成立，即具有被推定为合法而要求所有机关、组织或个人予以遵守的一种法律效力

B. 不是所有的行政行为都同时具备公定力、确定力、拘束力和执行力，有时会存在四力缺损的情况

C. 行政行为一经作出即发生法律效力

D. 行政行为的确定力是相对的，行政主体若发现自己的行政行为确实具有违法情形，可依法予以改变

**6.** 下列属于行政行为废止条件的是（　　）。

A. 行政行为所依据的法律被撤销后，行政行为与新的法律相抵触

B. 行政行为作出的主体不合法

C. 行政行为已完成原定目标

D. 因为形势的变化行政行为的继续存在将会损害公共利益

**7.** 行政行为与其他法律行为相比，特殊性在于（　　）。

A. 从属性　　　　B. 单方性　　　　C. 被动性　　　　D. 强制性

**8.** 关于具体行政行为的效力，下列说法正确的是（　　）。

A. 确定力是指行政行为生效后非经法定程序不可变更

B. 拘束力要求行政机关和相对人遵守

C. 执行力需通过法院强制执行实现

D. 公定力是指行政行为推定合法

**9.** 两厂因隶属关系发生纠纷，某市国有资产管理局以某国资局第6号文的形式对两厂产权作出界定，该文件属于（　　）。

A. 抽象行政行为　　　　　　　　　　B. 具体行政行为

C. 内部行政行为　　　　　　　　　　D. 行政裁决行为

**10.** 行政行为无效的法律后果有（　　）。

A. 司法机关可以不受时效限制审查该行为

B. 行政机关应将行政行为实施取得的利益返还
C. 行政行为自宣布无效之日起失去法律效力
D. 行政相对人对该行为有抵抗权

**11.** 被废止的行政行为（　　）。
A. 自废止之日起丧失法律效力
B. 在废止前所产生的法律效果不受法律保护
C. 在废止前所产生的法律效果仍受法律保护
D. 自始不具有法律效力

**12.** 下列对行政行为无效与撤销的相同点叙述错误的是（　　）。
A. 被宣布无效或被撤销后即自始不发生法律效力
B. 均因行政行为违法或不适当引起
C. 在任何时候都可能被有权机关审查并作出宣告无效或撤销的决定
D. 在被宣布无效或被撤销前，行政相对人均应执行该行为

**13.** 行政行为的合法要件包括（　　）。
A. 行为主体合法　　　　　　　　B. 行为内容合法
C. 行为程序合法　　　　　　　　D. 行为权限合法

**14.** 下列情形，不符合"正确适用法律、法规"要求的是（　　）。
A. 具体行政行为应适用这一法律、法规，而行政机关适用了另一法律、法规
B. 具体行政行为应适用法律、法规的这一条款，而行政机关适用了另一条款
C. 具体行政行为应适用特别法，而行政机关适用了一般法
D. 具体行政行为适用了过时的、已被废止的、撤销了的或尚未生效的法律、法规

**15.** 下列行政行为属于"滥用职权"的是（　　）。
A. 某行政机关工作人员，在政府采购中与自己有特殊关系的供应商签订合同
B. 某民警对相对人罚款100元，但在行政处罚决定书上将罚款金额写成1000元
C. 某市场监督管理局负责人在审批相对人营业执照的时候，反复无常，没有确定标准
D. 某公安抓住一小偷，发现该小偷与自己往日有仇，于是对其痛打一顿以泄旧恨

**16.** 行政处理行为可以因下列哪种情形而无效？（　　）
A. 行政处理行为实施主体不明确
B. 行政处理行为所依据的法律规范或国家政策发生了变化
C. 行政处理行为违法或不当
D. 行政处理行为有明显或重大违法情形

**17.** 下列哪些行为属于行政行为可撤销的情形？（　　）
A. 行政行为适用法律错误
B. 行政行为程序违法
C. 行政主体没有权限或超越权限
D. 行政行为不具有行政管理内容

**18.** 下列关于行政行为确定力的表述正确的有（　　）。
A. 行政行为一旦生效，行政相对人不得擅自改变
B. 行政行为一旦生效，行政机关不能任意更改
C. 行政行为一旦生效，相对人不能提起行政诉讼或申请行政复议，只能通过向行政机关申诉的途径解决
D. 行政行为生效后，行政机关认为确有错误且符合改变条件时，行政机关可以按照法定程序

改变或撤销该行为

**19.** 下列属于行政处理行为的有（　　）。
A. 某市人民政府针对减轻小学生课业负担问题所作的具体规定
B. 某县市场监督管理局对该县农贸市场经营情况进行的监督检查活动
C. 某区公安机关对违法行为人进行警告
D. 税务机关向某人收取个人所得税

**20.** 关于具体行政行为的成立和效力，下列哪些选项是错误的？（　　）
A. 与抽象行政行为不同，具体行政行为一经成立即生效
B. 行政强制执行是实现具体行政行为执行力的制度保障
C. 未经送达领受程序的具体行政行为也具有法律约束力
D. 因废止具体行政行为给当事人造成损失的，国家应当给予赔偿

**21.** 关于具体行政行为的效力，下列哪些说法是正确的？（　　）
A. 可撤销的具体行政行为在被撤销之前，当事人应受其约束
B. 具体行政行为废止前给予当事人的利益，在该行为废止后应收回
C. 为某人设定专属权益的行政行为，如此人死亡其效力应终止
D. 对无效具体行政行为，任何人都可以向法院起诉主张其无效

**22.** 关于具体行政行为的合法性与效力，下列哪些说法是正确的？（　　）
A. 遵守法定程序是具体行政行为合法的必要条件
B. 无效行政行为可能有多种表现形式，无法完全列举
C. 因具体行政行为废止致使当事人的合法权益受到损失的，应给予赔偿
D. 申请行政复议会导致具体行政行为丧失拘束力

## 不定项选择题

**1.** 下列情况属于或可以视为行政诉讼中被告改变被诉具体行政行为的是（　　）。
A. 被诉公安局把拘留3日的处罚决定改为罚款500元
B. 被诉自然资源局更正被诉处罚决定中不影响决定性质和内容的文字错误
C. 被诉市场监督管理局未在法定期限答复原告的请求，在二审期间作出书面答复
D. 县政府针对甲、乙两村土地使用权争议作出的处理决定被诉后，甲、乙两村达成和解，县政府书面予以认可

**2.** 有关具体行政行为的效力和合法性，下列说法正确的是（　　）。
A. 具体行政行为一经成立即生效
B. 具体行政行为违法是导致其效力终止的唯一原因
C. 行政机关的职权主要源自行政组织法和授权法的规定
D. 滥用职权是具体行政行为构成违法的独立理由

## 名词解释

1. 行政行为
2. 内部行政行为
3. 外部行政行为
4. 依职权行政行为
5. 依申请行政行为
6. 授益行政行为

7. 作为行政行为
8. 不作为行政行为
9. 独立行政行为
10. 行政裁量
11. 羁束行政行为
12. 具体行政行为
13. 行政行为的确定力
14. 行政行为的拘束力
15. 行政行为的公定力
16. 行政行为的执行力
17. 依职权行政行为

## 简答题

1. 简述行政行为分类中的独立行政行为和需补充行政行为的内容及其区分意义。
2. 简述具体行政行为的有效成立要件。
3. 行政行为的内容上具有哪些效力？
4. 简述行政行为撤销的条件与法律结果。
5. 简述行政不作为与行政不能行为。
6. 依职权行政行为的实施应遵循哪些原则？

## 论述题

1. 对行政行为可以作哪些分类？
2. 什么是行政行为的合法要件？行政行为有哪些合法要件？
3. 什么是行政行为？行政行为有什么特征？

## 案例分析题

为庆祝某自治州建州 20 周年，该州政府所在地的市政府要求市政府办公室做好有关工作。为此，市政府办公室以自己的名义发布了有关市容卫生、文明礼貌和清理、整顿秩序的通知，要求全市各行各业单位和全体市民切实遵守执行。

试析该通知行为的合法性。

# 第六章 行政立法

## 基础知识图解

行政立法
- 行政立法概述
  - 行政立法的概念
  - 行政立法的分类
- 行政立法的程序
  - 编制立法工作计划
  - 起草
  - 征求和听取意见
  - 审查
  - 决定与公布
- 行政立法的效力
  - 行政立法的效力范围
  - 行政立法的生效与失效
  - 对行政立法的监督
- 行政规范性文件
  - 行政规范性文件的含义
  - 行政规范性文件的种类
  - 行政规范性文件的法律效力

## 配套测试

### 单项选择题

**1.** 行政立法是（　　）。
A. 立法性质的
B. 行政性质的
C. 行政性质和立法性质的结合
D. 行政机关和立法机关的共同行为

**2.**《宪法》规定，（　　）有权制定行政法规。
A. 全国人大常委会
B. 国务院
C. 省级人民政府
D. 省级人大

**3.** 下列判断，（　　）是正确的。
A. 抽象行政行为具有不可诉性
B. 执行性立法可创设新的法律规则
C. 行政规章和其他规范性文件均可为相对方设定权利和义务
D. 乡人民政府不能作出抽象行政行为

**4.** 下列有关行政立法位阶说法正确的是（　　）。
A. 所有行政立法处于同一位阶
B. 行政规章的效力高于行政法规

C. 规范内容越具体位阶越高　　　　　D. 行政法规的效力高于部门规章

**5.** 对不适当的部委规章有权予以改变和撤销的国家机关是（　　）。
A. 全国人大及其常委会　　　　　　B. 国务院
C. 最高人民法院　　　　　　　　　D. 最高人民检察院

**6.** 关于行政立法监督认识错误的是（　　）。
A. 全国人大常委会有权撤销与法律相抵触的行政法规
B. 国务院有权改变或撤销不适当的部门规章和地方政府规章
C. 地方人民代表大会常务委员会有权改变或撤销本级人民政府不适当的规章
D. 省、自治区的人民政府有权改变或撤销下一级人民政府制定的不适当的规章

**7.** 行政法规有权设定（　　）。
A. 限制人身自由的行政强制措施和行政处罚
B. 对非国有财产的征收
C. 有关财政、税收、海关的基本制度
D. 没收违法所得、责令停产停业、吊销许可证件的行政处罚

**8.** 根据特别授权可以进行行政立法的主体是（　　）。
A. 国务院　　　　　　　　　　　　B. 全国人大常委会
C. 国务院各部委　　　　　　　　　D. 省级权力机关

**9.** 有关行政主体所制定的行政规章（　　）。
A. 应报经国务院批准　　　　　　　B. 应报经国务院备案
C. 经国务院批准后才能生效　　　　D. 经国务院备案后才能生效

**10.** 行政立法权来源于宪法和组织法的规定，是下列何项立法的一个特点？（　　）
A. 特别授权立法　　　　　　　　　B. 一般授权立法
C. 职权立法　　　　　　　　　　　D. 补充性立法

**11.** 关于部门规章的权限，下列哪一说法是正确的？（　　）
A. 尚未制定法律、行政法规，对违反管理秩序的行为，可以设定暂扣许可证的行政处罚
B. 尚未制定法律、行政法规，且属于规章制定部门职权的，可以设定扣押财物的行政强制措施
C. 可以在上位法设定的行政许可事项范围内，对实施该许可作出具体规定
D. 可以设定除限制人身自由以外的行政处罚

**12.** 某省会城市的市政府拟制定限制电动自行车通行的规章。关于此规章的制定，下列哪一说法是不正确的？（　　）
A. 应先列入市政府年度规章制定工作计划中，未列入不得制定
B. 起草该规章应广泛听取有关机关、组织和公民的意见
C. 此规章送审稿的说明应对制定规章的必要性、规定的主要措施和有关方面的意见协调处理情况作出说明
D. 市政府法制机构认为制定此规章基本条件尚不成熟，可将规章送审稿退回起草单位

**13.** 关于行政法规的立项，下列哪一说法是正确的？（　　）
A. 省政府认为需要制定行政法规的，可于每年年初编制国务院年度立法工作计划前向国务院报请立项
B. 国务院法制机构根据有关部门报送的立项申请汇总研究，确定国务院年度立法工作计划
C. 列入国务院年度立法工作计划的行政法规项目应适应改革、发展、稳定的需要
D. 国务院年度立法工作计划一旦确定不得调整

**14.** 下列关于行政法规解释的哪种说法是正确的？（　　）
A. 国务院各部门可以根据国务院授权解释行政法规
B. 行政法规条文本身需要作出补充规定的，由国务院解释
C. 在审判活动中行政法规条文本身需要进一步明确界限的，由最高人民法院解释
D. 对具体应用行政法规的问题，各级政府可以请求国务院法制机构解释

**15.** 某县人民政府作出有关规范该县集贸市场秩序的决定，这一行为属（　　）。
A. 行政立法行为　　　　　　　　B. 抽象行政行为
C. 具体行政行为　　　　　　　　D. 行政执法行为

**16.** 关于行政规范性文件的说法，正确的是（　　）。
A. 制定主体只能是行政机关　　　B. 目的是仅仅执行法律的规定
C. 包含部门规章　　　　　　　　D. 俗称"红头文件"

**17.** 关于行政规范性文件制定程序的说法，错误的是（　　）。
A. 不必经过听证程序　　　　　　B. 必须经过会议讨论
C. 行政首长审批通过即可　　　　D. 没有行政立法程序严格

**18.** （　　）不是依职权创设性文件的必备要件。
A. 职权上的依据　　　　　　　　B. 法律规范的缺位
C. 内容上的创设性　　　　　　　D. 不违反禁止性规定

**19.** 根据《国务院办公厅关于加强行政规范性文件制定和监督管理工作的通知》，下列属于行政规范性文件的是（　　）。
A. 市政府发布的《关于2025年春节期间烟花爆竹燃放管理的通告》
B. 市教育局向某中学发放教育经费的通知
C. 县公安局对某交通违法者作出的罚款决定
D. 省卫生健康委内部工作制度

## 多项选择题

**1.** 下列关于授权立法的说法正确的是（　　）。
A. 授权立法的事项仅限于法律相对保留的事项
B. 授权立法关系仅发生于全国人民代表大会及其常务委员会与国务院之间，国务院不能再转授权
C. 授权立法可能因为授权机关撤销授权而终止
D. 授权机关可以根据实际情况明确授权的目的与范围，但也可不明确

**2.** 下列关于行政立法程序的说法中正确的有（　　）。
A. 一般而言，行政立法要经过起草与立项、审查、决定和公布几个步骤
B. 起草过程中必须广泛听取有关机关、组织和公民的意见，听取意见必须采取听证会的形式
C. 其审查机构是国务院法制机构
D. 审查机构应当向国务院提出审查报告和草案修改稿，对于草案主要的不同意见可以酌情作出说明

**3.** 根据《立法法》的规定，以下哪些是规章的制定主体？（　　）
A. 国务院各部、各委员会　　　　B. 中国人民银行
C. 国务院办公厅　　　　　　　　D. 具有行政管理职权的国务院直属机构

**4.** 下列属于法律绝对保留的立法事项有（　　）。
A. 民族区域自治制度，特别行政区制度，基层群众自治制度

B. 民事基本制度

C. 有关犯罪与刑罚

D. 国家主权的事项

**5.** 依据国务院某行政法规"各省人民政府可根据本辖区情况制订实施细则,报国务院批准后执行"之规定,广东省人民政府制订该行政法规的实施细则的行为属于( )。

A. 特别授权立法　　　　　　　　B. 补充性立法

C. 地方行政立法　　　　　　　　D. 执行性立法

**6.** 下列属于抽象行政行为的是( )。

A. 县级人民政府制定规章以下的规范性文件

B. 行政机关对某大学家属院作出的拆迁决定

C. 国务院制定行政法规

D. 国务院各部门和有权的地方人民政府制定规章

**7.** 下列有关法律规范的适用和备案的说法哪些是不正确的?( )

A. 地方性法规与部门规章对同一事项的规定不一致,不能确定如何适用时,由国务院作出最终裁决

B. 不同行政法规的特别规定与一般规定不一致不能确定如何适用时,由国务院裁决

C. 地方政府规章内容不适当的,国务院应当予以改变或者撤销

D. 凡被授权机关制定的法规违背授权目的的,授权和所制定的法规应当一并被撤销

**8.** 下列有关行政法规制定程序的说法正确的有( )。

A. 行政法规在起草过程中应当广泛听取有关机关、组织或个人的意见

B. 行政法规的起草工作可以由国务院确定由一个部门具体负责

C. 行政法规由总理签署国务院令发布

D. 国务院法制机构对行政法规送审稿应当举行听证会听取意见

**9.** 下列属于行政立法程序的有( )。

A. 提案和起草　　B. 审查　　C. 审议　　D. 修改和废止

**10.** 行政规章可以采用的名称有( )。

A. 条例　　B. 规定　　C. 实施细则　　D. 规则

**11.** 职权行政立法的主体有( )。

A. 民政部　　　　　　　　　　　B. 国家语言文字工作委员会

C. 成都市人民政府　　　　　　　D. 杭州市人大常务委员会

**12.** 下列何项属于抽象行政行为的特征?( )

A. 对象的普遍性　　　　　　　　B. 效力的持续性

C. 可诉性　　　　　　　　　　　D. 准立法性

**13.** 下列何项属于抽象行政行为?( )

A. 某长江大桥桥头有一块牌子,上面写着"6:00—21:00,非机动车辆不得上桥",落款为该市公安局

B. 某公安局对违反规定驾驶人力三轮车上长江大桥的人员处以50元的罚款

C. 某人力资源和社会保障局规定,本辖区内某企业与员工间的劳动合同应报经本局鉴证

D. 某人力资源和社会保障局对辖区内某企业与员工间的劳动合同予以鉴证

**14.** 关于规章的起草和审查,下列哪些说法是正确的?( )

A. 起草规章可邀请专家参加,但不能委托专家起草

B. 起草单位就规章起草举行听证会,应制作笔录,如实记录发言人的主要观点和理由

C. 起草规章应广泛听取有关机关、组织和公民的意见
D. 如制定规章的基本条件不成熟，法制机构应将规章送审稿退回起草单位

**15.** 关于行政规范性文件说法正确的有（　　）。
A. 行政规范性文件对属于行政管理相对人的个人、组织具有拘束力和强制执行力
B. 对行政机关本身具有确定力，对具体行政行为具有适用力
C. 行政规范性文件可以是行政复议的客体
D. 我国各级人民政府都有权制定行政规范性文件

**16.** 行政规范性文件的形式有（　　）。
A. 决定、命令　　　　　　　　　B. 会议纪要、报告
C. 关于××××的意见或答复　　　D. 关于××××的解释或说明

**17.** 行政法规条文本身需进一步明确界限或作出补充规定的，应对行政法规进行解释。关于行政法规的解释，下列说法正确的是（　　）。
A. 解释权属于国务院
B. 解释行政法规的程序，适用行政法规制定程序
C. 解释可由国务院授权国务院有关部门公布
D. 行政法规的解释与行政法规具有同等效力

**18.** 下列哪些主体可以制定行政规范性文件？（　　）
A. 乡政府　　　　　　　　　　　B. 市公安局内设机构
C. 法律授权的公共事业组织　　　D. 县政府议事协调机构

**19.** 下列哪些情形会导致行政规范性文件无效？（　　）
A. 违法设定行政许可　　　　　　B. 未公开征求意见
C. 超越法定权限　　　　　　　　D. 未标注有效期

## 不定项选择题

有关规章的决定和公布，下列说法正确的是（　　）。
A. 审议规章草案时须由起草单位作说明
B. 地方政府规章须经政府全体会议决定
C. 部门联合规章须由联合制定的部门首长共同署名公布，使用主办机关的命令序号
D. 规章公布后须及时在全国范围内发行的有关报纸上刊登

## 名词解释

1. 抽象行政行为
2. 行政立法
3. 授权立法
4. 职权立法
5. 创制性立法
6. 行政规范性文件
7. 行政指导性文件

## 简答题

1. 简述行政立法程序。

**2.** 我国行政立法的主体有哪些？

**3.** 如何理解行政规范性文件的监督机制？

## 论述题

**1.** 什么是行政立法？行政立法可以作哪些分类？

**2.** 什么是行政规范性文件？行政规范性文件有什么效力？

# 第七章 授益行政行为

## 基础知识图解

授益行政行为
- 行政给付
  - 行政给付与福利行政
  - 行政给付的概念与特征
  - 行政给付的形式与制度
- 行政许可
  - 行政许可及立法
  - 行政许可事项及其设定
  - 行政许可的实施机关
  - 行政许可的一般程序
  - 行政许可的特别程序
  - 行政许可的其他规定

## 配套测试

### 单项选择题

**1.** 下列说法正确的是（　　）。
A. 行政法规可以在法律设定的行政许可事项范围内，对实施该行政许可作出具体规定
B. 公民、法人或者其他组织能够自主决定的不得设立行政许可
C. 地方性法规不可以在法律、行政法规设定的行政许可事项范围内，对实施该行政许可作出具体规定
D. 省、自治区、直辖市人民政府规章不可以设定临时性的行政许可

**2.** 行政机关在其法定职权范围内，依照法律、法规、规章的规定，可以委托其他行政机关实施行政许可。下列选项中正确的是（　　）。
A. 委托机关应当将受委托行政机关和受委托实施行政许可的内容予以公告
B. 受委托行政机关在委托范围内，以自己名义实施行政许可
C. 受委托行政机关在委托范围内，可以再委托其他组织或者个人实施行政许可
D. 委托行政机关对受委托行政机关实施行政许可的行为后果不承担法律责任

**3.** 除可以当场作出行政许可决定的外，行政机关应当自受理行政许可申请之日起多少日内作出行政许可决定？（　　）
A. 15　　　　　　B. 20　　　　　　C. 30　　　　　　D. 45

**4.** 根据《行政许可法》的规定，下列有关行政许可的审查和决定的哪一种说法是正确的？（　　）
A. 对行政许可申请人提交的申请材料的审查，均应由行政机关两名以上工作人员进行

B. 行政机关作出准予行政许可决定和不予行政许可决定，均应采用书面形式

C. 行政机关作出准予行政许可决定后，均应向申请人颁发加盖本行政机关印章的行政许可证件

D. 所有的行政许可均在全国范围内有效

**5.** 下列判断，（　　）是正确的。

A. 任何许可只要依法取得就永远具有法律效力

B. 行政许可是行政机关对国家经济和其他事务进行管理和控制的一种方式

C. 许可证就是营业执照

D. 许可取得后就意味着行政机关丧失对被许可人及许可事项的行政监督检查权

**6.** 下列（　　）属于附义务的行政许可。

A. 律师资格证　　　B. 驾驶证　　　C. 排污许可证　　　D. 营业执照

**7.** 下列关于行政处理效力问题的表述中正确的有（　　）。

A. 行政处理行为一旦作出，就不能加以改变

B. 所有行政处理行为都具有执行力

C. 行政处理行为不仅对行政相对人有拘束力，对行政机关也有拘束力

D. 行政机关作出行政处理行为之日就是行政处理行为生效之日

**8.** 下列许可形式中，属于排他性许可的是（　　）。

A. 专利许可　　　B. 驾驶执照　　　C. 营业执照　　　D. 护照

**9.** 下列表述中，与行政许可合理裁量原则不符的是（　　）。

A. 考虑公共利益和个体利益的取舍

B. 考虑个体利益之间的均衡

C. 确保每个申请人都能获得许可

D. 公平、公正地对待每个申请人

**10.** 某甲获得县市场监督管理局颁发的营业执照，在县广场附近开了一家字号为"广场小吃"的饭店，生意很火。几年后，县广场整修，并根据县的城市规划，某甲的饭店必须搬迁。于是某甲将饭店搬到离新广场稍远的一个地方，仍然挂着"广场小吃"的牌子。在某饭店营业执照期限即将届满时，某甲依法申请延续该执照许可。县市场监督管理局经审查认为其符合延续许可的条件，但是认为该店已经搬离广场，故没有批准其继续使用"广场小吃"的字号。根据《行政许可法》，下面说法正确的是（　　）。

A. 县市场监督管理局的做法虽然不合理，但在其自由裁量权之内

B. 某甲只需向县市场监督管理局申请营业执照的延续，字号无须市场监督管理局批准

C. 某甲饭店字号须经县市场监督管理局批准，但市场监督管理局不予批准的理由不成立

D. 县市场监督管理局的行为完全合法

**11.** 某甲于5月11日向行政机关提出某项行政许可的申请，但是申请材料不齐全，行政机关当场并没有告知其需要补正的其他全部材料，直到5月20日电话告知某甲应该补正的全部内容，那么，如果根据《行政许可法》的要求，什么时候为行政机关受理某甲申请之日？（　　）

A. 5月16日

B. 5月20日

C. 5月11日

D. 某甲补正所有材料并交给行政机关之日

**12.** 下列关于实施行政许可特别程序的规定，错误的是（　　）。

A. 某地行政机关对公交运营路线的审批通过招标方式作出，符合法律规定

B. 行政机关按照招标程序确定中标人后，应当作出准予行政许可的决定
C. 进出口食品检疫机关实施检疫，应当自受理申请之日起 5 日内指派三人以上检疫人员进行
D. 检疫机关根据检疫结果，作出不予行政许可决定的，应当书面说明依据的技术标准、技术规范

**13.** 下列哪些情形行政机关不应当办理有关行政许可的注销手续？（　　）
A. 被许可人的有效期届满且未申请延续
B. 被申请人依法申请延续许可，行政机关未予答复
C. 行政许可依法被撤销
D. 行政许可证件依法被吊销

**14.** 某公司向规划局交纳了一定费用后获得了该局发放的建设用地规划许可证。刘某的房屋紧邻该许可规划用地，刘某认为建筑工程完成后将遮挡其房屋采光，向法院起诉请求撤销该许可决定。下列哪一说法是正确的？（　　）
A. 规划局发放许可证不得向某公司收取任何费用
B. 因刘某不是该许可的利害关系人，规划局审查和决定发放许可证无须听取其意见
C. 因刘某不是该许可的相对人，不具有原告资格
D. 因建筑工程尚未建设，刘某权益受侵犯不具有现实性，不具有原告资格

**15.** 某房地产开发有限公司拟兴建某小区项目，向市规划局申请办理建设工程规划许可证，并提交了相关材料。下列哪一说法是正确的？（　　）
A. 公司应到市规划局办公场所提出申请
B. 公司应对其申请材料实质内容的真实性负责
C. 公司的申请材料不齐全的，市规划局应作出不受理决定
D. 市规划局为公司提供的申请格式文本可收取工本费

**16.** 某市应急管理局向甲公司发放《烟花爆竹生产企业安全生产许可证》后，发现甲公司所提交的申请材料系伪造。对于该许可证的处理，下列哪一选项是正确的？（　　）
A. 吊销　　　　　B. 撤销　　　　　C. 撤回　　　　　D. 注销

**17.** 关于规章，下列哪一说法是正确的？（　　）
A. 设区的市的人民政府制定的规章可以在上位法设定的行政许可事项范围内，对实施该行政许可作出具体规定
B. 行政机关实施许可不得收取任何费用，但规章另有规定的，依照其规定
C. 规章可以授权具有管理公共事务职能的组织实施行政处罚
D. 违法行为在 2 年内未被发现的，不再给予行政处罚，但规章另有规定的除外

## 多项选择题

**1.** 关于行政许可的设定权限，下列哪些说法是不正确的？（　　）
A. 必要时省政府制定的规章可设定企业的设立登记及其前置性行政许可
B. 地方性法规可设定应由国家统一确定的公民、法人或者其他组织的资格、资质的行政许可
C. 必要时国务院部门可采用发布决定的方式设定临时性行政许可
D. 省政府报国务院批准后可在本区域停止实施行政法规设定的有关经济事务的行政许可

**2.** 行政处理（　　）。
A. 既包括外部行政行为又有内部行政行为
B. 是具体行政行为最主要的内容
C. 不具有惩罚性

D. 包括行政调解、行政裁决等多种形式

**3.** 行政许可（　　）。
A. 以许可的性质为标准可分为一般许可和特别许可
B. 是双方行为
C. 是依申请的行政行为
D. 须以明确的法律规定为前提

**4.** 行政给付（　　）。
A. 是面对社会大多数人的福利事业
B. 是依职权的行政行为
C. 包括抚恤金、社会救济金、灾民生活救济、独生子女补贴等
D. 是单方行政行为

**5.** 行政给付在我国主要有以下形式（　　）。
A. 安置　　　　B. 补助　　　　C. 抚恤　　　　D. 救灾扶贫

**6.** 某公司准备在某市郊区建一座化工厂，向自然资源局、生态环境局和建设局等职能部门申请有关证照。下列哪些说法是正确的？（　　）
A. 某公司应当对其申请材料实质内容的真实性负责
B. 某市人民政府应当组织上述四个职能部门联合为某公司办理手续
C. 拟建化工厂附近居民对核发该项目许可证照享有听证权利
D. 如果某公司的申请符合条件，某市人民政府相关职能部门应在 45 个工作日内为其办结全部证照

**7.** 根据《行政许可法》的规定，下列关于行政许可的撤销、撤回、注销的哪些说法是正确的？（　　）
A. 行政许可的撤销和撤回都涉及被许可人实体权利
B. 规章的修改可以作为行政机关撤回已经生效的行政许可的理由
C. 因行政机关工作人员滥用职权授予的行政许可被撤销的，行政机关应予赔偿
D. 注销是行政许可被撤销和撤回后的法定程序

**8.** 关于行政处罚和行政许可行为，下列哪些说法是不正确的？（　　）
A. 行政处罚和行政许可的设定机关均应定期对其设定的行政处罚和行政许可进行评价
B. 法律、法规授权的具有管理公共事务职能的组织，可依授权行使行政处罚权和行政许可权
C. 行政机关委托实施行政处罚和行政许可的组织应当是依法成立的管理公共事务的事业组织
D. 行政机关依法举行听证的，应当根据听证笔录作出行政处罚决定和行政许可决定

**9.** 我国《行政许可法》规定的基本原则有（　　）。
①许可法定和依法许可原则；②公平、公正、公开原则；③便民、高效原则；④救济原则；⑤不收费原则；⑥信赖保护原则；⑦不得转让原则；⑧监督原则。
A.①②　　　　B.③④　　　　C.⑤⑥　　　　D.⑦⑧

**10.** 下列关于《行政许可法》第 12 条的理解正确的是（　　）。
A. "设定"意为创设性的规定或者首次规定
B. "设定"也包括行政法规对法律设定的行政许可事项的具体规定
C. "可以"表明设定行政许可的特别法不能超出本条列举的事项
D. 本条所列举的事项不具有直接的执行性

**11.** 下列关于行政许可设定权和规定权的说法中，哪些是正确的？（　　）
A. 国务院决定对纺织品进出口实行配额限制

B. 珠海作为经济特区，其市政府有权创设行政许可

C. 教育部对法律设定的行政许可作出具体规定

D. 杭州市政府对行政法规设定的行政许可作出具体规定

12. 如果人民政府要在本行政区域内停止实施某项行政许可，根据《行政许可法》的要求，下列说法正确的有哪些？（　　）

A. 如果该行政许可是行政法规设定的，必须经国务院的批准

B. 必须是省级人民政府才能停止实施某项行政许可

C. 该行政许可事项必须是行政法规设定的

D. 该行政许可事项必须是有关经济事务的

13. 下列关于行政许可实施主体的说法中，哪些是正确的？（　　）

①行政许可由具有行政许可权的行政机关实施；②行政许可权可以由法定授权组织实施；③行政许可权可以由行政机关授权的社会组织实施；④行政机关可以委托其他行政机关实施行政许可；⑤行政许可可以委托其他社会组织实施。

A. ①④　　　　　B. ②③　　　　　C. ③⑤　　　　　D. ②④

14. 某甲打算开一家饭店，经打听，需要分别取得某市市场监督管理局、卫生健康委员会、消防局等政府部门的行政许可，根据《行政许可法》的规定，下列做法合法的是（　　）。

A. 该市人民政府决定由市场监督管理局统一行使原来由三个部门分别行使的行政许可权

B. 该市人民政府决定组织三个部门在同一个办公地点联合、集中办理许可

C. 该市人民政府决定由市场监督管理局统一受理许可申请，然后再由市场监督管理局转告其他两个部门分别提出意见后统一办理

D. 该市人民政府决定仍然由三个部门分别在各自的办公地点办理许可事宜

15. 《行政许可法》对相对人向行政机关提出申请有哪些要求？（　　）

A. 必须书面提出申请

B. 可以通过信函、电子邮件的方式向行政机关提出申请

C. 必须亲自到行政机关办公地点申请

D. 应当如实向行政机关提交有关材料和反映真实情况

16. 某公民向行政机关提出获得驾驶执照的申请，根据《行政许可法》的要求，他可以（　　）。

A. 向行政机关索要申请书格式文本

B. 要求行政机关对公示内容予以说明、解释

C. 拒绝提交与其申请的行政许可事项无关的技术资料和其他材料

D. 委托代理人提出行政许可申请

17. 某公司申请在某住宅小区不远处开办一家通宵营业的歌舞厅，向市场监督管理局提出申请，市场监督管理局经审查，发现该歌舞厅可能会影响小区夜间的休息。根据《行政许可法》的要求，下面说法错误的是（　　）。

A. 市场监督管理局应当告知该小区的住户

B. 该小区住户有权陈述其意见

C. 该公司无权要求举行听证

D. 如果要举行听证，费用由该公司承担

18. 某甲向某市 A 区公安分局申请某项行政许可，法律、法规没有特殊规定，那么按照《行政许可法》的规定，下列关于行政机关审查、决定行政许可期限的说法，正确的有哪些？（　　）

A. 除可以当场作出行政许可决定的外，该公安分局应当自受理行政许可申请之日起 20 个工

作日内作出行政许可决定

B. 该公安分局20日内不能作出决定的,必须经该市公安局负责人批准,才可以延长10日

C. 该公安分局20日内不能作出决定的,经该公安分局负责人批准,可以延长10日

D. 该公安分局应当自受理行政许可申请之日起30个工作日内作出行政许可决定

**19.** 行政机关对某养殖场的生猪进行检疫,下列说法正确的是（　　）。

A. 行政机关应当自受理申请之日起5日内指派两名以上工作人员按照技术标准、技术规范进行检疫

B. 如果不需要对检疫结果作进一步技术分析即可认定是否符合技术标准、技术规范的,行政机关应当当场作出行政许可决定

C. 如果检疫合格,行政机关应当当场在生猪身上加盖检疫印章

D. 如果检疫合格,行政机关应当在10日之内在生猪身上加盖检疫印章

**20.** 下列有关行政许可听证程序的选项中,哪些是正确的？（　　）

A. 无论是依职权还是应申请的听证,行政机关都需要事前公告

B. 听证即有关各方提出意见和证据,并进行质证和辩论

C. 未依据听证笔录作出的行政许可决定是无效的

D. 听证主持人由于不是行政许可的审查人,因此无须回避

**21.** 下列何种情况下,行政机关应当在作出行政许可前依职权主动进行听证？（　　）

A. 法律、法规规定实施行政许可应当听证的事项

B. 规章规定实施行政许可应当听证的事项

C. 行政机关认为需要听证的其他涉及公共利益的重大行政许可事项

D. 行政机关对行政许可申请进行审查时,发现行政许可事项直接关系他人重大利益的

**22.** 某甲向行政机关申请行政许可,某乙向行政机关提出行政许可的延续申请,下面哪些说法是不正确的？（　　）

A. 行政机关必须在法定期限内答复甲的申请,否则视为准予许可

B. 如果甲的申请材料不齐全或者不符合法定形式,行政机关应当当场或者在5日内一次告知甲需要补正的全部内容,逾期不告知的,自收到申请材料之日起即为受理

C. 行政机关必须在法定期限内答复乙的申请,否则视为准予延续

D. 行政机关必须在法定期限内答复乙的申请,否则视为不准予延续

**23.** 根据《行政许可法》关于"加强对下级行政机关实施行政许可的监督检查"的规定,下列说法正确的是（　　）。

A. 加强对下级行政机关实施行政许可的监督检查的主体不限于上一级行政机关

B. 对被授权实施行政许可的组织进行监督检查的是其主管行政机关及所有上级行政机关

C. 该条规定排除了人大对行政机关实施行政许可的监督

D. 该条规定排除了法院对行政机关实施行政许可的监督

**24.** 对下列哪些情形,行政机关应当办理行政许可的注销手续？（　　）

A. 张某取得律师执业证书后,发生交通事故成为植物人

B. 田某违法经营的网吧被吊销许可证

C. 李某依法向自然资源管理部门申请延续采矿许可,自然资源管理部门在规定期限内未予答复

D. 刘某通过行贿取得行政许可证后,被行政机关发现并撤销其许可

**25.** 关于公告,下列哪些选项是正确的？（　　）

A. 行政机关认为需要听证的涉及公共利益的重大许可事项应当向社会公告

B. 行政许可直接涉及申请人与他人之间重大利益关系的，申请人、利害关系人提出听证申请的，行政机关应当予以公告
C. 行政机关在其法定权限范围内，依据法律委托其他行政机关实施行政许可，对受委托行政机关和受委托实施许可的内容应予以公告
D. 被许可人以欺骗、贿赂等不正当手段取得行政许可，行政机关予以撤销的，应当向社会公告

**26.** 下列哪些地方性法规的规定违反《行政许可法》？（　　）
A. 申请餐饮服务许可证，须到当地餐饮行业协会办理认证手续
B. 申请娱乐场所表演许可证，文化主管部门收取的费用由财政部门按一定比例返还
C. 外地人员到本地经营网吧，应当到本地电信管理部门注册并缴纳特别管理费
D. 申请建设工程规划许可证，需安装建设主管部门指定的节能设施

**27.** 对下列哪些拟作出的决定，行政机关应告知当事人有权要求听证？（　　）
A. 税务局扣押不缴纳税款的某企业价值200万元的商品
B. 交通局吊销某运输公司的道路运输经营许可证
C. 规划局发放的建设用地规划许可证，直接涉及申请人与附近居民之间的重大利益关系
D. 公安局处以张某行政拘留10天的处罚

**28.** 下列哪些情形中，行政机关应依法办理行政许可的注销手续？（　　）
A. 某企业的产品生产许可证有效期限届满未申请延续的
B. 某企业的旅馆业特种经营许可证被认定为以贿赂手段取得而被撤销的
C. 某房地产开发公司取得的建设工程规划许可证被吊销的
D. 拥有执业医师资格证的王医生死亡的

**29.** 关于行政许可实施程序的听证规定，下列说法正确的是（　　）。
A. 行政机关应在举行听证7日前将时间、地点通知申请人、利害关系人
B. 行政机关可视情况决定是否公开举行听证
C. 申请人、利害关系人对听证主持人可以依照规定提出回避申请
D. 举办听证的行政机关应当制作笔录，听证笔录应当交听证参与人确认无误后签字或者盖章

**30.** 某县行政审批局向肖某颁发《林木采伐许可证》，后查明肖某在申请林木采伐许可证时提供了虚假材料，遂将之前颁发给肖某的《林木采伐许可证》予以撤销。下列说法哪些是准确的？（　　）
A. 颁发《林木采伐许可证》不得收取费用
B. 撤销《林木采伐许可证》的性质为行政处罚
C. 作出撤销《林木采伐许可证》决定前，应当听取肖某的陈述和申辩
D. 《林木采伐许可证》被撤销后，县行政审批局应当将其注销

## 不定项选择题

**1.** 下列关于行政许可中规章的说法，正确的有哪些？（　　）
①地方性规章可以设定行政许可。②规章可以在上位法设定的行政许可事项范围内，对实施该行政许可作出具体规定。③行政机关可以依据规章的规定，委托其他行政机关实施行政许可。④对直接关系公共安全、人身健康、生命财产安全的设备、设施、产品、物品的检验、检测、检疫，除法律、行政法规、规章规定由行政机关实施的外，应当逐步由符合法定条件的专业技术组织实施。⑤规章设定的行政许可，其适用范围没有地域限制的，申请人取得的行政许可在全国范围内有效。⑥规章规定实施行政许可应当听证的事项，行政机关必须向社会公告，并举行听证。

⑦被许可人需要延续依法取得的行政许可的有效期的,应当在该行政许可有效期届满30日前向作出行政许可决定的行政机关提出申请。但是规章另有规定的,依照其规定。⑧行政机关应当通过招标、拍卖等公平竞争的方式来决定有限自然资源的开发利用,但是,规章可以作出例外规定。⑨有数量限制的行政许可,两个或者两个以上申请人的申请均符合法定条件、标准的,行政机关应当根据受理行政许可申请的先后顺序作出准予行政许可的决定,规章不能对此作出例外规定。⑩规章可以规定行政机关实施行政许可收取一定合理的费用。

  A. ①④⑩    B. ③⑥⑦    C. ⑤⑧    D. ②⑨

**2.** 下列哪些行为属于《行政许可法》所调整的"行政许可"行为?(　　)

  A. 知识产权局授予某发明人专利权

  B. 专利权人授予其他人的专利使用许可

  C. 证监会退回某公司股票上市发行预选申报材料

  D. 某县教委审批下属中学拨款扩建的申请

**3.** 根据上题所述情况指出下面哪些说法是不正确的?(　　)

  A. 市政府无权调整城市规划,更不能据此收回所批土地

  B. 市政府有权调整规划,但应当给予某公司以赔偿

  C. 市政府有权调整规划,但是应当对给某公司造成的损失给予补偿

  D. 市政府的行为合法

**4.** 根据《行政许可法》的规定,下列何种情况下,行政机关应当就相对人所受到的损失给予补偿?(　　)

  A. 某甲以运输货物为生,但由于严重违反交通规则,其驾驶执照被交通部门吊销,失去生活来源

  B. 某乙为了取得开办一歌舞厅的营业执照,贿赂市场监督管理局的负责人,后被人检举,上级行政机关撤销了该舞厅营业执照,乙前期投入的资金也无法收回

  C. 某丙申请生猪屠宰许可,行政工作人员玩忽职守,未经实地检查其场地条件就批准了该申请,后在行政机关的监督检查过程中,撤销了该许可

  D. 某丁依法取得了在江边某处采砂的许可,后为了防洪筑坝的需要,行政机关撤回了该许可

**5.** 下列事例中,哪些是符合《行政许可法》规定的?(　　)

  A. 国务院设定了一项尚未制定法律的直接涉及国家安全的行政许可

  B. 商务部设定了一项尚未制定法律、行政法规的有关电子产品进出口配额限制的行政许可

  C. 某经济特区所在地的市人大制定一项地方性法规,规定在该经济特区打工的外地民工必须具有高中或中专以上文化水平

  D. 某省人民政府制定了一项规章,设定了一项尚未制定法律和行政法规的临时性行政许可

**6.** 某省人民政府因本行政区域行政管理的需要,在尚未制定法律、行政法规和地方性法规的情况下,拟设定一项临时性行政许可,下列说法正确的是(　　)。

  A. 只能通过规章的形式设定该行政许可

  B. 设定行政许可应当规定行政许可的实施机关、条件、程序、期限

  C. 起草单位应当采取听证会、论证会等形式听取意见

  D. 某省人民政府应当定期对其设定的行政许可进行评价

**7.** 某行政许可需要市场监督管理局内设的 A、B 两个机构办理,根据《行政许可法》的规定,该市场监督管理局应该如何实施该行政许可?(　　)

  A. 该市场监督管理局规定由 A 机构统一受理行政许可申请,统一送达行政许可决定

  B. 该市场监督管理局规定由 B 机构统一受理行政许可申请,统一送达行政许可决定

C. 该市场监督管理局规定既可以向 A 机构，也可以向 B 机构申请办理
D. 该市场监督管理局规定应该向两个机构分别申请

**8.** 某具有管理公共事务职能的组织被法律授权实施某项行政许可权，根据《行政许可法》的要求，下面的做法中正确的是（　　）。
A. 该组织只能以自己的名义实施行政许可
B. 该组织规定申请人必须购买其指定的某项产品
C. 该组织公告，将实施该项行政许可的权力委托给另一行政机关
D. 受委托的行政机关将该项权力又委托给第三行政机关

**9.** 下列关于行政许可依申请举行的听证程序中，正确的说法有哪些？（　　）
A. 申请人、利害关系人在被告知听证权利之日起 5 日内提出听证申请的，行政机关应当在 20 日内组织听证，但若有特殊情况，经本行政机关负责人批准，可以延长 5 日举行听证
B. 申请人要求听证的，由申请人承担组织听证的费用；利害关系人要求听证的，由利害关系人承担组织听证的费用
C. 行政机关应当于举行听证的 5 日前将举行听证的时间、地点通知申请人、利害关系人
D. 听证应当制作笔录，听证笔录应当交听证参加人确认无误后签字或者盖章

**10.** 某甲与某乙都申请某项行政许可，且都符合法定条件、标准，但该项行政许可有数量限制，只能授予其中一人。根据《行政许可法》的规定，在法律、行政法规没有另外规定的情况下，行政许可的实施机关如何确定谁能获得该项行政许可？（　　）
A. 行政机关应当根据受理行政许可申请的先后顺序作出准予行政许可的决定
B. 如果存在另外第三方利害关系人，行政机关可以听取利害关系人的意见
C. 行政机关可以举行听证会
D. 行政机关可以举行专家论证会，听取专家的意见

**11.** 下列关于行政许可费用的说法，正确的是（　　）。
A. 行政机关实施行政许可以禁止收费为原则
B. 行政机关对行政许可事项进行监督检查原则上也不得收取费用
C. 法律、行政法规和规章规定行政许可收费的，从其规定
D. 行政机关提供行政许可申请书格式文本，可以收取工本费

**12.** 某甲欲兴建一座沙砖厂，向行政机关申请生产许可证。行政机关在审查该申请的时候，发现该厂的排污设备不合格，可能会给周围居民的环境造成污染。但是甲向该行政机关负责人行贿，于是在该负责人的授意下，行政机关向甲颁发了生产许可证。周围的居民向该行政机关的上级行政机关申请撤销该项许可，理由是该沙砖厂投产之后可能会给其居住环境造成污染，批准该许可的行政机关在作出许可决定之前，应该向社会公告，并举行听证会，但是行政机关违反了法定程序，没有举行听证会就给甲颁发了生产许可证。上级机关在调查过程中发现了甲向该行政机关负责人行贿以获取行政许可的事实。根据《行政许可法》的规定，下列说法正确的是（　　）。
A. 上级行政机关无权撤销下级行政机关颁发给甲的生产许可证
B. 上级行政机关有权撤销下级行政机关颁发给甲的生产许可证
C. 可以撤销该行政许可
D. 应当撤销该行政许可

## 名词解释

**1.** 行政给付
**2.** 行政许可

## 简答题

1. 申请许可证必须具备哪些条件？
2. 依申请行政行为应当遵循哪些程序？
3. 简述行政给付的原则。
4. 简析行政许可与行政审批。

## 论述题

1. 概述行政许可的概念、特征、程序及其作用。
2. 论述我国《行政许可法》所确立的基本制度和原则。

# 第八章　负担行政行为

## 基础知识图解

负担行政行为
- 行政处罚
  - 行政处罚及立法
  - 行政处罚的种类与设定
  - 行政处罚的实施机关
  - 行政处罚的管辖与适用
  - 行政处罚的程序
- 行政征收与征用
  - 行政征收
  - 行政征用
  - 行政征收与征用的基本原则
- 行政强制
  - 行政强制措施
  - 行政强制执行
  - 行政强制措施与行政强制执行

## 配套测试

### 单项选择题

**1.** 某市人民政府为建设一项国家重点工程项目，占用郊区农民的土地，省政府对被征用地的农民给予了补偿费用和安置费用，省政府此项行为属于（　　）。
　A. 行政给付　　　B. 行政征收　　　C. 行政征用　　　D. 行政赔偿

**2.** 生态环境局向违反环境法规相对方收取排污费、滞纳金的行为属于（　　）。
　A. 行政处罚　　　B. 行政征购　　　C. 行政征收　　　D. 行政没收

**3.** 下列行为中，属于行政处罚行为的是（　　）。
　A. 吊销驾驶证　　B. 行政征收　　　C. 查封、扣押　　D. 行政征用

**4.** 行政征收是以相对人负有行政法上的（　　）为前提的。
　A. 履行义务　　　B. 缴纳义务　　　C. 给付义务　　　D. 不作为义务

**5.** 以下处罚形式属于行为罚的是（　　）。
　A. 行政拘留　　　B. 警告　　　　　C. 没收非法财物　D. 责令停产停业

**6.** 下列判断，（　　）是正确的。
　A. 行政征收的实施必须以相对方负有行政法上的缴纳义务为前提
　B. 行政征收与行政征购一样是双方行政行为
　C. 行政征收的标的包括财产以及劳务

D. 行政征收是行政主体有偿取得相对方财产所有权的行为

**7.** 市场监管局对味好食品厂作出罚款的行政处罚，该厂拒绝缴纳，市场监管局有权（　　）。

A. 向法院起诉，要求法院判令该企业缴纳罚款

B. 自行强制执行或申请法院强制执行

C. 为收缴罚款，吊销该企业营业执照

D. 拘留该企业法定代表人

**8.** 公安机关对在公共场所酗酒滋事的人进行人身拘束，该行政行为性质是（　　）。

A. 行政处罚　　　　B. 行政强制　　　　C. 行政监督　　　　D. 行政指导

**9.** 吊销违法者的经营许可证是（　　）。

A. 执行罚　　　　B. 行政处罚　　　　C. 行政处分　　　　D. 行政强制执行

**10.** 某区城管局以甲摆摊卖"麻辣烫"影响环境为由，将其从事经营的小推车等物品扣押。在实施扣押过程中，城管执法人员李某将甲打伤。对此，下列哪一说法是正确的？（　　）

A. 扣押甲物品的行为，属于行政强制执行措施

B. 李某殴打甲的行为，属于事实行为

C. 因甲被打伤，扣押甲物品的行为违法

D. 甲被打伤的损失，应由李某个人赔偿

**11.** 行政处罚中的警告属于（　　）。

A. 限制权利的处罚　　　　　　　　B. 剥夺权利的处罚

C. 科以义务的处罚　　　　　　　　D. 影响声誉的处罚

**12.** 下列行政行为中，不属于行政处罚的是（　　）。

A. 没收财物　　　　　　　　　　　B. 暂扣许可证件

C. 行政拘留　　　　　　　　　　　D. 开除公职

**13.** 行政强制措施与行政强制执行共同点在于（　　）。

A. 都是以行政相对人不履行义务为前提

B. 都是以强制的方式实现行政目的

C. 实施主体都是法律明确授权的行政机关

D. 采取强制措施的方式都是相同的

**14.** 下列属于间接强制执行措施的是（　　）。

A. 滞纳金　　　　B. 强制划拨　　　　C. 查封　　　　D. 强制服兵役

**15.** 甲驾车在某路段行驶时，与乙驾驶的车辆相撞，致使甲的车受损，甲下车对乙进行殴打造成轻微伤后驾车离去。公安机关为查处此案，对甲进行传唤，甲却回避。公安机关为使甲来接受调查，将甲的汽车扣押。公安机关的扣车行为属于（　　）。

A. 行政强制执行　　　B. 行政征收　　　C. 行政处罚　　　D. 行政强制措施

**16.** 根据《防洪法》规定，工程设施建设严重影响防洪，逾期不拆除的，行政主管部门强行拆除，所需费用由建设单位承担。行政机关的这种做法属于下列哪个选项的行为？（　　）

A. 行政处罚　　　　B. 行政收费　　　　C. 代执行　　　　D. 直接强制

**17.** 张某委托刘某购书，并将一本存有1.3万元人民币的全国通兑活期存折交给刘某用于买书。刘某在途中取出该存折中的3000元用于购买毒品，被公安机关当场抓获。审讯中，刘某供述存折中余下的1万元仍打算用于购买毒品。县法院对刘某判处有期徒刑15年。随后，公安机关作出行政处罚决定，关于当场查获的3000元和存折内的余款，正确的处理方法是（　　）。

A. 没收用于购买毒品的3000元，将存折内余款返还刘某

B. 没收用于购买毒品的3000元和准备用于购买毒品的存折内余款

C. 将刘某用于购买毒品的 3000 元和存折内余款返还张某

D. 没收用于购买毒品的 3000 元，将存折内余款返还张某

**18.** 王某擅自使用机动渔船渡客。渔船行驶过程中，被某港航监督站的执法人员发现，当场对王某作出罚款 50 元的行政处罚，并立即收缴了该罚款。关于缴纳罚款，下列哪一做法是正确的？（　　）

A. 执法人员应当自抵岸之日起 2 日内将罚款交至指定银行

B. 执法人员应当自抵岸之日起 5 日内将罚款交至指定银行

C. 执法人员应当自抵岸之日起 2 日内将罚款交至所在行政机关，由行政机关在 2 日内缴付指定银行

D. 执法人员应当自抵岸之日起 2 日内将罚款交至所在行政机关，由行政机关在 5 日内缴付指定银行

**19.** 下列哪些处罚措施属于行政处罚（　　）。

A. 责令限期治理　　B. 责令停产停业　　C. 责令赔偿损失　　D. 责令退还土地

**20.** 根据《行政处罚法》的规定，限制人身自由的行政处罚只能由下面哪种规范性文件规定？（　　）

A. 法律　　　　　　B. 法律和行政法规　　C. 法律、法规　　　D. 法律、法规和规章

**21.** 国务院制定的其他规范性文件（　　）。

A. 可以经法律授权后有行政处罚设定权

B. 可以经国务院授权后有行政处罚设定权

C. 可以对较轻微违法行为的行政处罚有设定权

D. 没有行政处罚权

**22.** 根据《行政处罚法》的规定，行政拘留权只能由下面哪个机关行使？（　　）

A. 法律、法规授权的组织行使　　　　B. 公安机关

C. 公安机关派出所　　　　　　　　　D. 公安机关委托的组织

**23.** 某县土地管理部门根据某地方性法规的规定，发布一个文件，"授权该县所有村民委员会对各村滥占滥用农地的单位和个人行使行政处罚权"，那么村民委员会应当以谁的名义作出行政处罚？（　　）

A. 村民委员会自己的名义　　　　　　B. 村民委员会隶属的乡政府

C. 县土地管理部门　　　　　　　　　D. 县政府

**24.** 位于 A 市的甲食品厂生产的某种食品销往 B 市，B 市卫生健康委在例行抽样检查过程中发现该食品已过保质期，即准备依据有关规定对甲食品厂进行行政处罚，但 A 市卫生行政部门知道此事后，认为应该由自己管辖该案，B 市卫生行政部门无权处理。两地卫生行政部门因此发生争议。按照《行政处罚法》的规定，下列说法正确的是（　　）。

A. 由该案发生地 B 市卫生行政部门管辖

B. 由甲食品厂所在地 A 市卫生行政部门管辖

C. 由两地卫生行政部门协议管辖

D. 由两地卫生行政部门共同的上一级卫生管理机关指定管辖

**25.** 下列关于行政处罚中"一事不再罚"原则的表述正确的是（　　）。

A. 针对一个违法行为，不能进行多种行政处罚

B. 针对一个违法行为，不能由两个或两个以上的行政机关处罚

C. 针对一个违法行为，不能进行两次或两次以上的罚款

D. 针对一个违法行为，不能依据同一法律规范进行两次或两次以上的处罚

**26.** 国务院某部制定一行政规章，规定对某种行政违法行为除处罚单位外，还要给予直接责任人罚款的行政处罚，但有关规定这一违法行为处罚的国务院行政法规并没有规定要对直接责任人给予行政处罚。据此该规章（　　）。

　　A. 违法，因为规章无权规定罚款的行政处罚

　　B. 违法，因为规章无权规定行政处罚

　　C. 不违法

　　D. 违法，因为超出了行政法规规定的行政处罚范围

**27.** 行政机关制定的除行政法规和规章外的其他规范性文件（　　）。

　　A. 对较轻微违法的处罚有行政处罚设定权

　　B. 经法律授权后有行政处罚设定权

　　C. 经国务院授权后有行政处罚设定权

　　D. 没有行政处罚设定权

**28.** 甲将乙打伤，被区公安局处以行政拘留15日的处罚，甲无异议，15日拘留开始执行。乙向人民法院提起刑事自诉，人民法院经审理认为甲的行为已经构成犯罪，判决拘役2个月。这时，甲的行政拘留15日已经执行完毕。对此甲需要执行的刑期是（　　）。

　　A. 1个半月　　　　B. 15天　　　　C. 2个月　　　　D. 2个半月

**29.** 行政处罚地域管辖权的划分原则是（　　）。

　　A. 违法行为人经常居住地的行政机关管辖

　　B. 违法行为所侵害的受害人所在地的行政机关管辖

　　C. 违法行为发生地的行政机关管辖

　　D. 违法行为人户籍所在地的行政机关管辖

**30.** 某图书城被举报销售盗版光碟，市场监督管理机关经查实认定该图书城3年前曾代人出售过30盘盗版光碟，并获利2000元。对此，市场监督管理机关（　　）。

　　A. 应当从轻处罚　　B. 应当减轻处罚

　　C. 应当给予行政处罚　D. 不再给予行政处罚

**31.** 对情节复杂或者重大违法行为将给予较重行政处罚的，处罚机关应如何作出决定？（　　）

　　A. 由处罚机关的行政首长决定

　　B. 办案人员集体讨论决定

　　C. 处罚机关的负责人应当集体讨论决定

　　D. 报上级机关作出决定

**32.** 在下列何种情况下，行政机关及其执法人员可以当场收缴罚款？（　　）

　　A. 不当场收缴事后难以执行

　　B. 在边远、水上、交通不便地区

　　C. 当场作出处罚的

　　D. 只要当事人提出当场缴纳，无论何种情形即可当场收缴

**33.** 行政机关对当事人进行处罚时不使用罚款没收财物单据或者使用非法定部门制发的罚款、没收财物单据的，当事人（　　）。

　　A. 有权拒绝处罚

　　B. 应先接受处罚，然后再依法申请行政复议或提起行政诉讼

　　C. 应当接受处罚

　　D. 应先接受处罚，然后可以向其上级行政机关进行检举

**34.** 下列关于行政处罚授权的说法错误的是（　　）。
  A. 必须是法律、法规的明确授权
  B. 接受授权的组织必须具有管理公共事务的职能
  C. 必须是法律、法规和规章的明确授权
  D. 接受授权的组织应在法定授权范围内实施行政处罚

**35.** 甲市无名公司未经城建部门批准而建办公大楼，在施工过程中，城建部门作出责令其停止施工的决定。但该公司既不申请复议也不向人民法院提起诉讼，仍然继续施工。对此城建部门可（　　）。
  A. 请求上级行政机关处理　　　　B. 申请人民法院强制执行
  C. 不能采取任何行为　　　　　　D. 再对其作出罚款决定

**36.** 某县渔政管理站对甲超出捕捞许可证指定的范围设网捕鱼进行处罚，但宣告处罚决定书时甲不在场，县渔政管理站应（　　）。
  A. 在7日内依照行政诉讼法的有关规定送达
  B. 在7日内依照民事诉讼法的有关规定送达
  C. 在3日内依照行政诉讼法的有关规定送达
  D. 在3日内依照民事诉讼法的有关规定送达

**37.** 下列行政处罚设定正确的是（　　）。
  A. 某省人民政府办公厅规定对某类行为的行为人处以警告或50元以下罚款
  B. 某民族自治州人大规定对某类行为可处以一定数额的罚款
  C. 某行政法规规定对某类行为的行为人可处以行政拘留10日以下的处罚
  D. 郑州市人大规定对某类行为的行为人可处以暂扣营业执照的处罚

**38.** 某厂青工小李骑自行车误闯红灯，交警当场作出罚款30元的处罚决定，则（　　）。
  A. 本案不应适用当场处罚程序
  B. 小李应到指定银行缴纳罚款
  C. 小李若申辩，罚款额将因认错态度不好而提高
  D. 小李应当场缴纳罚款

**39.** 行政机关在调查或进行检查时，执法人员一般应为（　　）。
  A. 一人至二人　　　　　　　　　B. 二人或二人以上
  C. 三人以上单数　　　　　　　　D. 至少三人

**40.** 某县市场监督管理局对市场进行检查时发现外地人李某售假耗子药，即当场处罚其人民币50元，同时当场进行收缴，并出具了县财政局统一制发的罚款收据，则李某（　　）。
  A. 应老老实实缴纳罚款
  B. 先交罚款，但可申辩以减轻处罚
  C. 先交罚款，若不服可申请复议或提起行政诉讼
  D. 拒交罚款并予以检举

**41.** 有关行政处罚合法情形的下列表述，错误的有（　　）。
  A. 行政处罚适用法律、法规正确　　B. 行政处罚结果正确、程序合法
  C. 行政处罚结果正确、程序违法　　D. 行政处罚由有处罚权的机关行使

**42.** 行政机关使用或者损毁扣押的财产，对当事人造成损失的，应当依法予以（　　），对直接负责的主管人员和其他直接责任人员予以（　　）。
  A. 赔偿、罚款　　　　　　　　　B. 补偿、行政处罚
  C. 赔偿、处分　　　　　　　　　D. 补偿、依法追究刑事责任

**43.** 行政处罚中听证程序的范围是（　　）。

A. 警告

B. 行政拘留

C. 没收违法所得

D. 责令停产停业、吊销许可证件、较大数额罚款等行政处罚

**44.** 行政处罚罚款的收缴原则是（　　）。

A. 收缴罚款的机构可以作出罚款决定

B. 作出罚款决定的行政机关原则上可以收缴罚款

C. 如果行政机关出具罚款收据就可以收缴

D. 作出罚款的行政机关应当与收受罚款的机构相分离

**45.** 在行政处罚听证程序中，当事人要求听证的，应当在行政机关告知有要求举行听证的权利后（　　）内提出。

A. 5日　　　　　　B. 7日　　　　　　C. 3日　　　　　　D. 10日

**46.** 根据《行政处罚法》的规定，下列表述正确的有（　　）。

A. 依照简易程序当场作出的行政处罚决定罚款额在50元以下的，执法人员可以当场收缴

B. 执法人员当场收缴的罚款，应当自收缴罚款之日起2日内，交至行政机关；在水上当场收缴的罚款，应当自收缴罚款之日起5日内交至行政机关；行政机关应当在2日内将罚款交付指定银行

C. 属于非当场收缴的罚款，受罚当事人应当自收到行政处罚决定书之日起10日内，到指定的银行缴纳罚款

D. 当事人逾期不缴纳罚款的，作出行政处罚的行政机关每日按罚款的3%加处罚款

**47.** 当事人对行政处罚决定不服申请行政复议或者提起行政诉讼的（　　）。

A. 行政处罚停止执行

B. 对提起行政复议的，行政处罚停止执行；对提起行政诉讼的，行政处罚不停止执行

C. 对提起行政复议的，行政处罚不停止执行；对提起行政诉讼的，行政处罚停止执行

D. 行政处罚不停止执行

**48.** 行政机关对于重大违法行为给予较重的行政处罚时，在证据可能灭失的情况下，可采取的措施是（　　）。

A. 经行政机关负责人批准，可以先行封存证据

B. 经行政机关集体讨论，可以先行扣押证据

C. 经行政机关负责人批准，可以先行登记保存证据

D. 经行政机关负责人批准，可以先行登记提存证据

**49.** 下列选项中的哪一种情形导致行政处罚决定不能成立？（　　）

①行政机关作出处罚决定前，未依法向当事人告知应予处罚的事实、理由和依据；②行政机关拒绝听取当事人的陈述、申辩；③行政处罚没有法定依据；④行政处罚不遵守法定程序。

A. ①③　　　　　　B. ②④　　　　　　C. ①③④　　　　　　D. ①②

**50.** 某区公安局派出所突击检查孔某经营的娱乐城，孔某向正在赌博的人员通风报信，派出所突击检查一无所获。派出所工作人员将孔某带回调查，孔某因受到逼供而说出实情。派出所据此决定对孔某拘留10日，孔某不服提起诉讼。下列哪一选项是正确的？（　　）

A. 在作出拘留决定前，孔某有权要求举行听证

B. 对孔某的拘留决定违法

C. 某区公安分局派出所是本案被告

D. 因孔某起诉，公安机关应暂缓执行拘留决定

**51.** 下列哪一行为属于行政处罚？（　　）
A. 公安交管局暂扣违章驾车张某的驾驶执照6个月
B. 市场监督管理局对一企业有效期届满未申请延续的营业执照予以注销
C. 卫生行政部门对流行性传染病患者强制隔离
D. 市场监督管理局责令某食品生产者召回其已上市销售的不符合食品安全标准的食品

**52.** 经甲公司申请，市建设局给其颁发建设工程规划许可证。后该局在复核中发现甲公司在申请时报送的企业法人营业执照已经超过有效期，遂依据《行政许可法》规定，撤销该公司的规划许可证，并予以注销。甲公司不服，向法院提起诉讼。市建设局撤销甲公司规划许可证的行为属于下列哪一类别？（　　）
A. 行政处罚　　　　　　　　　　B. 行政强制措施
C. 行政行为的撤销　　　　　　　D. 行政检查

**53.** 村民陈某在本村建一住宅。镇政府认定其非法占用土地，违反了《土地管理法》，作出拆除房屋、退还土地的决定，随后将房屋强制拆除。陈某向法院提起诉讼，请求撤销镇政府的决定、确认拆除行为违法。关于镇政府的权力，下列哪一选项是正确的？（　　）
A. 有权作出拆除决定，但无权强制执行　　B. 有权作出拆除决定，也有权强制执行
C. 无权作出拆除决定，也无权强制执行　　D. 无权作出拆除决定，但可以强制执行

**54.** 市场监督管理局发现王某生产的饼干涉嫌违法使用添加剂，遂将饼干先行登记保存，期限为1个月。有关市场监督管理局的先行登记保存行为，下列哪一说法是正确的？（　　）
A. 系对王某的权利义务不产生实质影响的行为
B. 可以由2名执法人员在现场直接作出
C. 采取该行为的前提是证据可能灭失或以后难以取得
D. 登记保存的期限合法

**55.** 某自然资源局以陈某违反《土地管理法》为由，向陈某送达决定书，责令其在10日内拆除擅自在集体土地上建造的房屋3间，恢复土地原状。陈某未履行决定。下列哪一说法是错误的？（　　）
A. 自然资源局的决定书应载明，不服该决定申请行政复议或提起行政诉讼的途径和期限
B. 自然资源局的决定为负担性具体行政行为
C. 因《土地管理法》对起诉期限有特别规定，陈某对决定不服提起诉讼的，应依该期限规定
D. 如陈某不履行决定又未在法定期限内申请复议或起诉的，自然资源局可以自行拆除陈某所建房屋

**56.** 李某长期吸毒，多次自费戒毒均未成功。某公安局在一次检查中发现后，将李某送至强制隔离戒毒所进行强制隔离戒毒。强制隔离戒毒属于下列哪一性质的行为？（　　）
A. 行政处罚　　B. 行政强制措施　　C. 行政强制执行　　D. 行政许可

**57.** 某区公安分局以非经许可运输烟花爆竹为由，当场扣押孙某杂货店的烟花爆竹100件。关于此扣押，下列哪一说法是错误的？（　　）
A. 执法人员应当在返回该分局后立即向该分局负责人报告并补办批准手续
B. 扣押时应当制作现场笔录
C. 扣押时应当制作并当场交付扣押决定书和清单
D. 扣押应当由某区公安分局具备资格的行政执法人员实施

**58.** 下列哪一行政行为不属于行政强制措施？（　　）
A. 审计局封存转移会计凭证的被审计单位的有关资料

B. 公安交通执法大队暂扣酒后驾车的贾某机动车驾驶证 6 个月

C. 税务局扣押某企业价值相当于应纳税款的商品

D. 公安机关对醉酒的王某采取约束性措施至酒醒

**59.** 在行政强制执行过程中，行政机关依法与甲达成执行协议。事后，甲应当履行协议而不履行，行政机关可采取下列哪一措施？（　　）

A. 申请法院强制执行  　　B. 恢复强制执行

C. 以甲为被告提起民事诉讼  　　D. 以甲为被告提起行政诉讼

**60.** 某市市场监督管理局发现王某开设的超市销售伪劣商品，遂依据《产品质量法》对发现的伪劣商品实施扣押。关于扣押的实施，下列哪一说法是错误的？（　　）

A. 因扣押发生的保管费用由王某承担

B. 应制作现场笔录

C. 应制作并当场交付扣押决定书和扣押清单

D. 不得扣押与违法行为无关的财物

**61.** 某县政府为保障水上交通安全，对辖区一水库库区内的船舶清理整顿。因沈某的船舶未到港务监督机构进行登记，县政府发出通知，要求沈某将船只驶向指定地点，限期不得驶离。关于这一通知的性质，下列哪一选项是准确的？（　　）

A. 属于查封设施  　　B. 属于其他行政强制措施

C. 属于扣押财物  　　D. 属于行政强制执行

## 多项选择题

**1.** 刘某因超载被公路管理机关执法人员李某拦截，李某口头作出罚款 200 元的决定，并要求当场缴纳。刘某要求出具书面处罚决定和罚款收据，李某认为其要求属于强词夺理，拒绝听取其申辩。关于该处罚决定，下列哪些说法是错误的？（　　）

A. 该处罚决定不成立，刘某可以拒绝

B. 该处罚决定违法，刘某缴纳罚款后可以申请复议或者提起诉讼

C. 该处罚决定不成立，刘某缴纳罚款后可以申请复议或者提起诉讼

D. 该处罚决定无效，刘某可以拒绝

**2.** 行政机关作出（　　）等行政处罚决定之前，应当告知当事人有要求举行听证的权利。

A. 责令停产停业  　　B. 吊销许可证件  　　C. 较大数额罚款  　　D. 行政拘留

**3.** 下列费用的征收属于行政征收范围的有（　　）。

A. 排污费  　　B. 公路养路费  　　C. 滞纳金  　　D. 个人所得税

**4.** 一般来说，有（　　）情形之一的，对行为者不处罚。

A. 无责任能力者违法的

B. 由于生理缺陷的原因而致违法的

C. 因意外事故而违法的

D. 不满 14 岁违法的

**5.** 市场监督管理局在执法过程中现场发现某超市售卖超过保质期的火腿，当场扣押了这些火腿，后作出没收火腿并处 1 万元罚款的决定。下列哪些说法是准确的？（　　）

A. 扣押火腿应当通知当事人到场

B. 逾期不缴纳罚款的，市场监督管理局可以每日按罚款数额的 3% 加处罚款

C. 可以将没收的火腿拍卖，所获得款项抵缴罚款

D. 罚款不可以分期缴纳

6. 行政处罚决定作出后，行政行为的效力状态是（　　）。
   A. 行政处罚决定可以通过留置送达后生效
   B. 无法留置送达的，可以通过公告送达后生效
   C. 行政处罚决定经相对人同意后才生效
   D. 行政处罚决定只要符合法定生效要件，不需要送达就能生效
7. 区市场监督管理局工作人员甲在检查市场时，正巧碰上乙、丙两家商户斗殴，当场询问制作调查笔录，并将乙带回单位，向乙作出了罚款30元的行政处罚，这一处罚决定（　　）。
   A. 合法，因证据确凿、事实清楚
   B. 违法，因市场监督管理机关无管辖权
   C. 违法，因市场监督管理机关调查程序违法，应当有两个以上的调查人员
   D. 合法，因行政机关都有保护公民人身权和财产权的法定职责
8. 下列哪项属于行政奖励？（　　）
   A. 某民政局对在抗洪抢险中有立功表现的公民授予荣誉称号的行为
   B. 某民政局对在抗洪抢险中因公受伤人员发放残疾金的行为
   C. 某民政局对在抗洪抢险中有立功表现的工作人员予以晋升的行为
   D. 某民政局对在抗洪抢险中牺牲者的家属予以安置的行为
9. 下列行政行为中属于行政强制措施的有（　　）。
   A. 吊销执照　　B. 冻结银行存款　　C. 强制隔离戒毒　　D. 行政拘留
10. 对下列何项行政决定可依法予以强制执行（　　）。
    A. 拆除违法建筑的决定　　　　B. 颁发持枪证的决定
    C. 治安拘留的决定　　　　　　D. 免除纳税义务的决定
11. 下列关于行政强制执行措施的实施的说法，正确的是（　　）。
    A. 付诸实施的前提和根据是行政强制执行决定书
    B. 实施强制措施可以根据实际情况进行和解
    C. 实施过程中可能出现无法继续进行的情况时，应当暂时停止
    D. 如果执行不能进行以后也没有必要再恢复进行的情况，应当停止执行
12. 公安人员将煽动群众闹事的人带离现场，属于（　　）。
    A. 即时性强制措施　　　　　　B. 执行性强制措施
    C. 行政处罚　　　　　　　　　D. 直接强制
13. 下列属于对行政相对人的财产采取执行性强制措施的有（　　）。
    A. 冻结存款账户　　B. 扣押财产　　C. 强制收购　　D. 强制扣缴
14. 即时强制（　　）。
    A. 以义务的不履行为前提
    B. 是非要式行为
    C. 其程序包括调查、审查、通知和告诫、执行四个阶段
    D. 包括对人身及人身自由的强制，对住宅和场所等现场进行的强制及对财产的强制
15. 根据《行政处罚法》的规定，下列可以设定有关吊销企业营业执照行政处罚的法律规范包括（　　）。
    A. 全国人大常委会制定的非基本法律
    B. 行政法规
    C. 某省人大制定的地方性法规
    D. 国务院商务部制定的规章

16. 某经济特区人民政府制定了一项《关于加强对城市暂住人员管理暂行办法》的地方规章，在该规章中，设定了以下行政处罚种类，其中符合《行政处罚法》规定的是（    ）。
   A. 针对暂住人员的警告
   B. 限制屡教不改的暂住人员的人身自由
   C. 对暂住人员和提供非法居所的人处以罚款
   D. 没收提供非法居所的人的违法所得

17. 根据《行政处罚法》的规定，可以实施行政处罚行为的主体包括（    ）。
   A. 《大气污染防治法》规定具有环境管理方面行政处罚权的生态环境局
   B. 某省规章授权的具有管理公共事务职能的组织可以在法定授权范围内实施行政处罚
   C. 行政机关依照法律、法规或者规章的规定，可以在其法定权限内委托管理公共事务的事业组织实施行政处罚
   D. 具有管理公共事务职能的组织

18. 某县生态环境局打算将某项环境保护方面的行政处罚权委托给村委会，下列表述不正确的是（    ）。
   A. 该县生态环境局可以根据实际需要自主决定是否将该项行政处罚权委托给村委会
   B. 该县生态环境局可以依据规章的相关规定作出该委托
   C. 受委托的村委会可以根据实际情况，并经该县生态环境局许可，将行政处罚权再委托给其他组织行使
   D. 受委托的村委会对实施该项行政处罚不承担法律后果

19. 某县市场监督管理局接到群众举报，说喝了甲酒厂生产的一种果酒，会导致酒精中毒。市场监督管理局准备委托检验机构对这种果酒进行检验，并作出是否予以行政处罚的决定。根据《行政处罚法》的规定，该检验机构所具备的以下条件中，哪些是必备的？（    ）
   A. 依法成立
   B. 经省级市场监督管理部门认证
   C. 具有熟悉相关法律、法规、规章和业务的工作人员
   D. 能够组织相应的技术检查或技术鉴定

20. 某甲是 A 县人，但是常年在 B 县打工。一年春节从 B 县回 A 县过年，途经 C 县。在长途汽车上与某乙攀谈，某乙问他是否想顺路赚点钱，甲就问乙有什么路子。乙说在 C 县他有一批冒牌酒，可以低价给甲，甲拿回 A 县就可以转手赚一笔。甲同意了，于是到了 C 县后，甲和乙就下了车，乙将一批冒牌酒卖给了甲，甲又坐车回到了 A 县，将冒牌酒出售牟利，后被有关行政机关查获。下列说法正确的是（    ）。
   A. 由 A 县行政机关管辖　　　　　　B. 由 B 县行政机关管辖
   C. 由 C 县行政机关管辖　　　　　　D. 由 A、C 县的共同上级行政机关管辖

21. 某甲一日在其所居住的住宅小区内遇见几个人，向他推销影碟机，他问多少钱一台，其中一个人说："给你便宜点，300 块钱吧！但是没有发票和保修卡。"甲一想，这影碟机肯定不是来自正经渠道，但是 300 块钱一台确实很便宜，不要白不要，于是花钱买了一台。不久，甲听说公安机关破获了一起本市某家电商场被盗案，并在追查赃物下落，担心自己受到牵连，左思右想，最后在家人的劝说下，到公安机关坦白交代了此事。公安机关下列哪些处理是错误的？（    ）
   A. 对甲应该在法定范围内从轻或减轻处罚
   B. 对甲应该免除处罚
   C. 对甲可以从轻或免除处罚
   D. 因为是在家人的劝说下甲才主动承认错误，故对甲不得从轻或减轻处罚

**22.** 行政处罚由违法行为发生地的县级以上地方人民政府具有行政处罚权的行政机关管辖，但在哪种情况下可以例外？（　　）

　　A. 行政法规另有规定　　　　　　　　B. 地方性法规另有规定

　　C. 上一级行政机关指定　　　　　　　D. 法律另有规定

**23.** 有权决定一个行政机关行使另一个行政机关行政处罚权的主体是（　　）。

　　A. 国务院　　　　　　　　　　　　　B. 国务院的各部委

　　C. 省级人民政府　　　　　　　　　　D. 国务院授权的省级人民政府

**24.** 行政机关制作的行政处罚决定必须载明的事项有（　　）。

　　A. 作出处罚的机关名称与执法人员姓名

　　B. 当事人不服行政处罚，取得救济的途径

　　C. 行政处罚的事实依据与法律依据

　　D. 行政处罚履行的方式与期限

**25.** 对于行政处罚的罚款，没收违法所得或没收非法财物拍卖的款项（　　）。

　　A. 任何行政机关或个人不得以任何形式截留、私分或者变相私分

　　B. 对于错误的罚款，财政部门可以退还给作出处罚决定的行政机关，由其返还给当事人

　　C. 由收缴罚款的银行上缴作出处罚决定的机关

　　D. 全部上缴国库

**26.** 某歌厅因违法经营被举报，市场监管管理机关对其作出吊销营业执照的行政处罚。市场监管管理机关于4月1日告知该歌厅有要求举行听证的权利，至4月5日该歌厅仍未提出听证要求，4月6日市场监管局通知歌厅参加4月10日举行的听证会，听证会上听证主持人勒令该歌厅委托的代理人（律师）退场不得参加听证会，并当场作出吊销营业执照的处罚，本案存在以下错误（　　）。

　　A. 未经行政相对人的申请，不能举行听证会

　　B. 应在听证会召开的7日前通知歌厅

　　C. 当事人可以委托代理人

　　D. 处罚应经行政机关负责人集体讨论决定

**27.** 下列情形符合《行政处罚法》规定的有（　　）。

　　A. 行政处罚决定依法作出后，当事人应当在行政处罚决定的期限内，予以履行

　　B. 复议和诉讼期间行政处罚不停止执行，法律另有规定的除外

　　C. 作出罚款决定的行政机关应当与收缴罚款的机构分离

　　D. 当事人应自收到行政处罚决定书之日起15日内，到指定的银行缴纳罚款

**28.** 行政机关调查终结，负责人可作出如下行政处罚决定（　　）。

　　A. 确有应受处罚的违法行为的，根据情节轻重及具体情况，作出行政处罚决定

　　B. 违法行为轻微，依法可以不予行政处罚的，不予行政处罚

　　C. 违法事实不能成立的，不得给予行政处罚

　　D. 违法行为已构成犯罪的，移送司法机关

**29.** 行政征收法定的原则，要求行政征收的主体法定，根据法律规定及有关法律的授权，能够成为行政征收主体的有（　　）。

　　A. 环保机关　　　　　　　　　　　　B. 海关

　　C. 地方各级人民政府　　　　　　　　D. 交通机关

**30.** 行政征收和行政征用的共同点是（　　）。

　　A. 都具有强制性　　　　　　　　　　B. 都是无偿取得相对人的财产

C. 都是单方行政行为　　　　　　　D. 都是取得相对人财产的所有权

**31.** 属于人民法院对公民、法人或其他组织采取的强制执行措施的有（　　）。

A. 冻结、划拨存款

B. 扣留、提取劳动收入

C. 查封、扣押、冻结、拍卖、变卖财产

D. 强制搬迁、拆除违章建筑、退出土地

**32.** 依据《行政处罚法》的规定，接受行政机关的委托实施行政处罚的组织，负有哪些义务？（　　）

A. 委托组织必须在行政机关委托的范围内实施行政处罚

B. 委托组织必须以委托行政机关的名义实施行政处罚

C. 在紧急情况下，受委托组织可以将受托事项再委托其他组织实施，但在事后立即通知委托行政机关

D. 受委托组织应当接受委托行政机关的监督并独立地对实施行政处罚行为的后果承担法律责任

**33.**《行政处罚法》规定了一系列保证行政处罚公开的制度，如（　　）。

A. 表明身份制度　　　　　　　　　B. 告知制度

C. 听取意见制度　　　　　　　　　D. 听证制度

**34.** 我国行政执法人员可依行政处罚简易程序进行执法活动，下列选项哪些体现了该程序的特点？（　　）

A. 可以口头作出处罚决定　　　　　B. 可以当场作出处罚决定

C. 可以不表明身份　　　　　　　　D. 可以少于两人

**35.** 当事人逾期不履行行政处罚决定的，作出处罚决定的行政机关可以采取的措施有哪些？（　　）

A. 每日按罚款数额的3‰加处罚款　　B. 依法拍卖查封扣押的财产

C. 划拨冻结的存款　　　　　　　　D. 申请法院强制执行

**36.** 某单位擅自设置、使用无线电台。依照相关规定，国家无线电管理机构准备给予其没收无线电设备的行政处罚。根据《行政处罚法》的规定，国家无线电管理机构在作出行政处罚之前，应向当事人告知什么事项？（　　）

A. 作出行政处罚决定的事实　　　　B. 作出行政处罚决定的理由和依据

C. 作出行政处罚决定时上级机关的意见　　D. 当事人依法享有的权利

**37.** 行政机关委托实施行政处罚权的组织必须具备哪些条件？（　　）

A. 经有关机关批准

B. 具有熟悉有关法律、法规、规章和业务的工作人员

C. 依法成立的管理公共事务的事业组织

D. 有条件组织进行相应的技术检查或者技术鉴定

**38.** 运输公司指派本单位司机运送白灰膏。由于泄漏，造成沿途路面大面积严重污染。司机发现后即向公司汇报。该公司即组织人员清扫被污染路面。下列哪些选项是正确的？（　　）

A. 路面被污染的沿途三个区的执法机关对本案均享有管辖权，如发生管辖权争议，由三个区的共同上级机关指定管辖

B. 对该运输公司应当依法从轻或者减轻行政处罚

C. 本案的违法行为人是该运输公司

D. 本案的违法行为人是该运输公司和司机

39. 某交通局在检查中发现张某所驾驶货车无道路运输证，遂扣留了张某的驾驶证和车载货物，要求张某缴纳罚款 1 万元。张某拒绝缴纳，交通局将车载货物拍卖抵缴罚款。下列说法正确的是（　　）。
   A. 扣留驾驶证的行为为行政强制措施
   B. 扣留车载货物的行为为行政强制措施
   C. 拍卖车载货物的行为为行政强制措施
   D. 拍卖车载货物的行为为行政强制执行

40. 规划局认定一公司所建房屋违反规划，向该公司发出《拆除所建房屋通知》，要求公司在 15 日内拆除房屋。到期后，该公司未拆除所建房屋，该局发出《关于限期拆除所建房屋的通知》，要求公司在 10 日内自动拆除，否则将依法强制执行。下列哪些说法是正确的？（　　）
   A. 《拆除所建房屋通知》与《关于限期拆除所建房屋的通知》性质不同
   B. 《关于限期拆除所建房屋的通知》系行政处罚
   C. 公司可以对《拆除所建房屋通知》提起行政诉讼
   D. 在作出《拆除所建房屋通知》时，规划局可以适用简易程序

41. 行政强制措施的种类有（　　）。
   A. 划拨存款、汇款　　　　　　　　B. 排除妨碍、恢复原状
   C. 查封场所、设施或者财物　　　　D. 冻结存款、汇款

42. 行政强制执行的方式有（　　）。
   A. 扣押财物
   B. 加处罚款或者滞纳金
   C. 拍卖或者依法处理查封、扣押的场所、设施或者财物
   D. 代履行

43. 情况紧急，需要当场实施行政强制措施的（　　）。
   A. 行政执法人员应当在 24 小时内向行政机关负责人报告
   B. 行政执法人员应当在 48 小时内补办批准手续
   C. 行政机关负责人认为不应当采取行政强制措施的，应当立即解除
   D. 行政机关负责人认为不应当采取行政强制措施的，应当在 24 小时内解除

44. 关于行政强制执行程序，错误的有（　　）。
   A. 必须行政决定的期限届满才可以强制执行
   B. 在作出行政强制决定之后，应当先催告当事人履行义务
   C. 当事人有权对行政强制执行决定书进行陈述和申辩
   D. 在催告期间，对有证据证明有转移或者隐匿财物迹象的，行政机关可以作出立即强制执行决定

45. 某市场监督管理分局接举报称肖某超范围经营，经现场调查取证初步认定举报属实，遂扣押与其经营相关物品，制作扣押财物决定及财物清单。关于扣押程序，下列哪些说法是正确的？（　　）
   A. 扣押时应当通知肖某到场
   B. 扣押清单一式二份，由肖某和该市场监督管理分局分别保存
   C. 对扣押物品发生的合理保管费用，由肖某承担
   D. 该市场监督管理分局应当妥善保管扣押的物品

46. 代履行是行政机关强制执行的方式之一。有关代履行，下列哪些说法是错误的？（　　）
   A. 行政机关只能委托没有利害关系的第三人代履行

B. 代履行的费用均应当由负有义务的当事人承担

C. 代履行不得采用暴力、胁迫以及其他非法方式

D. 代履行 3 日前应送达决定书

**47.** 关于一个行政机关行使有关行政机关的行政许可权和行政处罚权的安排，下列哪些说法是正确的？（　　）

A. 涉及行政处罚的，由国务院或者经国务院授权的省、自治区、直辖市政府决定

B. 涉及行政许可的，由经国务院批准的省、自治区、直辖市政府决定

C. 限制人身自由的行政处罚只能由公安机关行使，不得交由其他行政机关行使

D. 由公安机关行使的行政许可，不得交由其他行政机关行使

**48.** 某市场监督管理局因陈某擅自设立互联网上网服务营业场所扣押其从事违法经营活动的电脑 15 台，后作出没收被扣电脑的决定。下列哪些说法是正确的？（　　）

A. 市场监督管理局应制作并当场交付扣押决定书和扣押清单

B. 因扣押电脑数量较多，作出扣押决定前市场监督管理局应告知陈某享有要求听证的权利

C. 对扣押的电脑，市场监督管理局不得使用

D. 因扣押行为系过程性行政行为，陈某不能单独对扣押行为提起行政诉讼

**49.** 下列哪些规范无权设定行政强制执行？（　　）

A. 法律　　　　　　B. 行政法规　　　　　C. 地方性法规　　　　D. 部门规章

**50.** 林某在河道内修建了"农家乐"休闲旅社，在紧急防汛期，防汛指挥机构认为需要立即清除该建筑物，林某无法清除。对此，下列哪些说法是正确的？（　　）

A. 防汛指挥机构可决定立即实施代履行

B. 如林某提起行政诉讼，防汛指挥机构应暂停强制清除

C. 在法定节假日，防汛指挥机构也可强制清除

D. 防汛指挥机构可与林某签订执行协议约定分阶段清除

**51.** 温某殴打李某，温某因故意伤害被县公安局给予行政拘留 7 日并处罚款 300 元。温某不服，向法院提起行政诉讼。李某认为该处罚决定过轻，也向法院提起行政诉讼。下列哪些说法是准确的？（　　）

A. 县公安局作出处罚决定前，可以组织听证

B. 应当暂缓执行温某的行政拘留处罚决定

C. 法院应当合并审理

D. 经审理被诉处罚决定明显不当的，法院可以变更为行政拘留 10 日并处罚款 300 元

**52.** 下列选项中，哪些行为属于行政强制措施？（　　）

A. 市场监督管理局发现张某销售未经检验检疫的猪肉，暂扣尚未出售的猪肉

B. 李某酒后驾车，公安局决定暂扣其机动车驾驶证 6 个月

C. 公安局民警发现吴某醉酒影响公共秩序，将其带离现场并约束至酒醒

D. 税务稽查局认定某公司涉嫌转移财产逃税，扣押其价值相当于应纳税款的商品

**53.** 某市交通运输局在城北客运站红绿灯路口执法检查时发现方某驾驶一辆小轿车通过某网约车平台接单搭载乘客，但方某现场无法提供《网络预约出租汽车运输证》，遂对方某所驾车辆进行扣押，并存放于某收费停车场。下列说法哪些是正确的？（　　）

A. 应当由 2 名以上行政执法人员实施扣押

B. 应当制作现场笔录

C. 若经过调查方某没有违法行为的，应当及时作出解除扣押决定

D. 停车费用由方某承担

**54.** 2019 年 6 月，孙某驾驶货车装载 31 头生猪，准备开到县城定点屠宰场宰杀，因撞坏道路设施被交警大队扣留车辆。孙某称生猪会因为受热而死亡，请求交警大队待其将货车开到屠宰场卸下生猪后再行扣留，但是交警大队不予理会。后大部分生猪因过热而死，损失 30 万元。孙某提起行政诉讼。下列说法哪些是正确的？（　　）

 A. 交警大队对损失不承担赔偿责任
 B. 交警大队对扣押的财物应当妥善保管
 C. 因为孙某存在违法行为，所以损失由其自行承担
 D. 交警大队的行为违反了比例原则

## 名词解释

**1.** 行为罚
**2.** 申诫罚
**3.** 听证程序
**4.** 行政强制
**5.** 行政调查
**6.** 执行罚
**7.** 行政强制措施
**8.** 行政强制执行

## 简答题

**1.** 简析行政强制执行与司法强制执行的区别。
**2.** 试比较行政征收与行政征用两个概念。
**3.** 行政机关实施行政强制措施应当遵守哪些规定？
**4.** 行政强制执行终止的情形有哪些？
**5.** 代履行的概念与特征。

## 论述题

**1.** 论述我国行政处罚的特征及其应遵循的原则。
**2.** 如何理解行政强制适当原则？

## 案例分析题

**1.** 洪某是个体工商户，未经批准擅自将坐落在某巷口北侧的临时营业棚改建成两层楼房。施工时，该县城区建设管理所曾多次劝阻无效，洪某终将楼房建成，并进行营业。不久，县城区建设管理所依法对洪某的违章建房行为作出了处理，责令洪某在 10 日内拆除违章建筑。洪某在限期内未执行。县城区建设管理所派人将洪某的违章建筑强行拆除顶层，在拆房时，县城区建设管理所未通知洪某或其成年家属到场，对室内物品也没有清点保管，致使洪某经营的部分商品受损。洪某对县城区建设管理所的强行拆除行为不服，向人民法院提起诉讼，并要求被告方赔偿其经济损失。

 问题：（1）县城区建设管理所强行拆除洪某的房屋是否合法？
 （2）县城区建设管理所应否承担给洪某造成的经济损失？

**2.** 某日，某区公安分局巡警诸某在巡逻的过程中，发现过街桥上围集着一大群人，并不时传

来厮打声和叫骂声。诸某走过去发现秦某与高某正殴打在一起,诸某立即喝止二人住手,当场认定二人的行为扰乱了公共治安秩序,根据《治安管理处罚法》,对二人分别处以100元的罚款,并当场收缴。

问题:(1)《行政处罚法》规定适用简易程序必须符合哪些条件?简易程序的基本内容是什么?

(2)诸某的处罚行为有哪些不符合《行政处罚法》规定?

# 第九章 行政机关的其他行为

## 基础知识图解

行政机关的其他行为
- 行政规划
  - 行政规划的概念和特征
  - 行政规划的功能
  - 行政规划的主要类型与适用范围
  - 行政规划的确定与实施
- 行政指导
  - 行政指导的概念和特征
  - 行政指导的功能与构成
  - 行政指导的依据与分类
  - 行政指导的程序
- 行政协议
  - 行政协议的概念和特征
  - 行政协议的功能与构成
  - 行政协议的权利与义务
  - 行政协议的订立与实施
- 行政确认
  - 行政确认的概念与特征
  - 行政确认的分类
  - 行政确认的原则
  - 行政确认的制度
- 行政调查
  - 行政调查的概念与特征
  - 行政调查的分类
  - 行政调查的原则
  - 行政调查的程序
- 行政检查
  - 行政检查的概念与特征
  - 行政检查的分类
  - 行政检查的原则
  - 行政检查的程序

## 配套测试

### 单项选择题

**1.** 行政合同是一种（　　）行为。
A. 单方行政　　　B. 双方行政　　　C. 抽象行政　　　D. 行政执法

**2.** 行政机关基于政治、经济、技术等方面的原因，可自由选择当事人签订行政合同的方式是（　　）。
A. 招标　　　B. 邀请发价　　　C. 拍卖　　　D. 要约与承诺

**3.** 行政指导（　　）。
A. 须有明确的法律依据
B. 无强制力，对其内容管理，相对人没有必须服从的义务
C. 无强制力，如果其违反法律，给行政管理相对方造成损害，也不承担法律责任
D. 无强制力，因此也无须公开，但应受其上级机关及人民法院的监督

**4.** 行政合同纠纷通常经（　　）途径解决。
A. 民事诉讼　　　B. 行政裁决　　　C. 仲裁　　　D. 行政诉讼

**5.** 行政机关在行政合同中享有（　　）。
A. 取得报酬权　　　　　　　　　　B. 不可预见的困难情况的补偿权
C. 损害赔偿请求权　　　　　　　　D. 优益权

**6.** （　　）是行政合同。
A. 某行政机关依职权与农民签订的粮食订购合同
B. 某行政机关为购置办公用品与公司签订的合同
C. 某行政机关就办公用房租赁问题与其他行政机关签订的合同
D. 某行政机关为工作人员利益与保险公司签订的保险合同

**7.** 相对方在行政合同中的特殊义务是（　　）。
A. 按照合同给付价金的义务　　　　B. 接受行政机关管理和监督的义务
C. 补偿行政机关损失的义务　　　　D. 严格履行合同的义务

**8.** 下列（　　）属于行政合同。
A. 行政机关委托某律师事务所代理其法律事务的合同
B. 国有土地使用权出让合同
C. 行政机关为购买办公用品与某文具商家签订的合同
D. 行政机关与该单位工勤人员的用工合同

**9.** 下列符合行政合同特征的是（　　）。
A. 基于行政机关单方意思表示而成立
B. 行政机关有权单方面变更或解除合同
C. 应通过民事诉讼来解决其纠纷
D. 行政机关变更解除合同无须赔偿对方因此受到的损失

**10.** 行政机关在行政合同中享有下列哪项特殊权利？（　　）
A. 解除合同而无须补偿对方因此受到的损失
B. 要求对方完全、实际履行合同
C. 可随时变更、解除合同

D. 对不履行或不适当履行合同义务的当事人有制裁权

**11.** 关于行政机关在行政合同中的权利、义务表述错误的是（　　）。
A. 对合同履行有监督权和指挥权
B. 可以无条件单方面变更或解除行政合同
C. 对不适当履行合同义务的相对方加以制裁
D. 因行政机关原因引起合同的变更、解除，行政机关应给予相对方物质损害赔偿或补偿

## 多项选择题

**1.** 行政调查（　　）。
A. 由行政主体依职权主动为之
B. 没有强制性与执行性，以行政相对人的同意为前提
C. 必须有明确的法律依据
D. 可分为特定调查和一般调查

**2.** 行政合同的履行应遵循（　　）原则。
A. 全面、适当及时履行　　　　　　B. 诚实信用原则
C. 实际履行原则　　　　　　　　　D. 本人亲自履行原则

**3.** 下列属于行政合同中行政机关的义务的有（　　）。
A. 依法履行合同
B. 变更合同应征得相对人同意
C. 支付报酬提供优惠义务
D. 单方解除合同造成相对人损失应予以补偿

**4.** 与一般民事合同相比，行政合同的特征有（　　）。
A. 合同当事人一方为行政主体
B. 合同事项涉及行政管理领域
C. 合同的双方都无完全的自由处分权
D. 纠纷通常通过行政救济的途径解决

**5.** 在行政合同的履行、变更或解除中，行政主体享有（　　）的权利。
A. 实际履行　　　B. 自己履行　　　C. 平等自愿履行　　　D. 全面履行

**6.** 在行政合同中，相对方享有的权利为（　　）。
A. 取得报酬
B. 损害赔偿请求权
C. 特权行为损害的补偿权
D. 不可预见的困难情况的补偿权

**7.** 行政合同中，行政机关与相对人之间的关系是（　　）。
A. 命令与服从　　　B. 平等　　　C. 协商　　　D. 意思表示一致

**8.** 关于政府采购的供应商，下列哪些说法是不正确的？（　　）
A. 自然人不能作为政府采购的供应商
B. 除《政府采购法》规定的条件外，政府采购人不得规定供应商的特定条件，否则构成差别待遇或歧视待遇
C. 两个以上的法人可以组成联合体，以一个供应商的身份共同参加政府采购
D. 中标的供应商必须依法自行履行合同，不得采用分包方式履行合同

**9.** 行政机关单方面解除行政合同的情形有（　　）。

A. 相对人不按规定履行合同，行政机关作为制裁解除合同

B. 因政策的变化该合同的履行已无意义，行政机关单方面解除合同

C. 行政机关想更换合同当事人而单方面解除合同

D. 因客观情况的影响，行政机关为公共利益单方面解除合同

**10.** 下列有关行政指导的说法正确的有（　　）。

A. 行政指导是一种柔性的不具有法律强制力的行为，是非强制性行政行为

B. 行政指导是不直接产生法律效果的行为

C. 行政指导是现代积极行政的表现

D. 行政指导不属于人民法院行政诉讼的受案范围

**11.** 在发生重大动物疫情后，国家对受威胁区可以采取下列哪些措施？（　　）

A. 扑杀并销毁染疫和疑似染疫动物及其同群动物

B. 对易感染的动物根据需要实施紧急免疫接种

C. 对易感染的动物进行监测

D. 关闭动物交易市场

**12.** 行政确认是（　　）的行政行为。

A. 要式　　　　　B. 自由裁量　　　　　C. 羁束　　　　　D. 默示

## 名词解释

**1.** 行政指导

**2.** 行政指导的正当性原则

**3.** 行政指导的自愿性原则

**4.** 行政指导的必要性原则

**5.** 行政合同的法定原则

**6.** 行政合同的全面履行原则

**7.** 行政合同的公益优先原则

**8.** 行政合同的实际履行原则

**9.** 行政合同的招标

**10.** 行政合同的邀请发价

**11.** 行政合同的直接磋商

**12.** 行政规划

## 简答题

**1.** 简述行政协议的概念与特征。

**2.** 简述根据行政法理论与现行行政程序法进行行政指导应遵循的原则。

**3.** 简述行政确认及其主要形式。

## 论述题

试论行政合同的作用。

# 第十章 行政司法

## 基础知识图解

行政司法
- 行政司法概述
  - 行政司法的概念和特征
  - 国外行政司法的历史发展
  - 发展和完善中国特色社会主义行政司法制度的意义
- 行政司法的主要形式
  - 行政裁决
  - 行政仲裁
  - 行政调解
- 专门行政裁决制度
  - 专门行政裁决机构
  - 专门行政裁决的受案范围
  - 专门行政裁决的程序

## 配套测试

### 多项选择题

**1.** 关于行政裁决，下列说法正确的是（  ）。
A. 以法律的明确授权为前提
B. 由行政机关依职权作出
C. 一般为终局性决定
D. 以特定民事经济纠纷为对象

**2.** 我国行政裁决主要适用于解决（  ）。
A. 行政纠纷  B. 侵权纠纷
C. 知识产权纠纷  D. 权属纠纷

**3.** 下列行政裁决中，属于专门行政机关裁决的有（  ）。
A. 专利争议的复审  B. 商标争议的裁决
C. 土地所有权争议的处理  D. 土地使用权争议的处理

**4.** 行政裁决公正、平等的原则意味着（  ）。
A. 裁决机关必须在法律上处于独立的第三人地位
B. 裁决者必须实行严格的回避制度
C. 裁决机关必须客观而全面地认定事实
D. 裁决机关必须正确地适用法律规范

## 名词解释

行政裁决

## 简答题

简述行政裁决的种类。

# 第十一章　行政应急

## 基础知识图解

```
                    ┌ 行政应急的概念与特征
                    │ 行政应急法制的特点与功能
          行政应急概述┤ 行政应急行为的构成要素
                    │ 行政应急性原则
                    │ 行政应急行为的设定与分类
                    └ 行政应急行为法治化的国际经验

行政应急 ┤           ┌ 实施行政应急行为的条件
                    │ 实施行政应急行为的主体
          行政应急的实施┤ 实施行政应急行为的方式
                    │ 实施行政应急行为的程序
                    └ 实施行政应急行为的依据

          我国行政应急法制的完善 ┌ 行政应急行为的监督与救济现状
                              └ 我国行政应急法制的完善路径
```

## 配套测试

### 单项选择题

**1.** 下列哪一事件不属于行政应急所针对的突发事件类型？（　　）
A. 地震引发的重大自然灾害
B. 某企业违规排放造成的局部环境污染
C. 疫情引发的公共卫生事件
D. 经济纠纷引发的大规模群体性事件

**2.** 行政应急权力行使的首要原则是（　　）。
A. 比例原则　　　B. 合法性原则　　　C. 应急性原则　　　D. 救济原则

**3.** 在行政应急状态下，政府可以依法对公民的某些权利进行限制，这种限制的正当性基础在于（　　）。
A. 公共利益优先　　B. 政府权力至上　　C. 公民自愿让渡　　D. 法律默认许可

**4.** 下列关于行政应急程序的说法，正确的是（　　）。
A. 行政应急程序无须遵循任何法定程序
B. 行政应急程序可以完全突破正常行政程序的规定

C. 行政应急程序应当遵循最低限度的正当程序要求

D. 行政应急程序仅需考虑应急效果，无须考虑程序正义

**5.** 行政机关在行政应急过程中采取的应急措施，若造成公民合法权益损害，公民（    ）。

A. 无权获得任何补偿

B. 可以直接向法院提起行政诉讼要求赔偿

C. 有权依法获得适当补偿

D. 只能等待政府主动补偿，不能主动申请

**6.** 行政应急终止的条件是（    ）。

A. 突发事件得到初步控制

B. 突发事件的威胁和危害得到控制或者消除

C. 应急措施实施完毕

D. 上级政府要求终止

**7.** 以下不属于行政应急保障措施的是（    ）。

A. 对物资进行统一调配　　　　　　B. 实施交通管制

C. 强制隔离传染病密切接触者　　　D. 提高企业税收税率

**8.** 行政应急中，政府发布的应急命令和决定，具有（    ）。

A. 临时性、可随意变更性　　　　　B. 权威性、强制性

C. 建议性、引导性　　　　　　　　D. 协商性、灵活性

**9.** 行政应急权力的行使主体一般是（    ）。

A. 各级人民法院　　B. 各级人民检察院　　C. 行政机关　　D. 社会组织

**10.** 在突发公共卫生事件的行政应急中，卫生行政部门采取的强制隔离措施属于（    ）。

A. 行政强制措施　　B. 行政处罚　　C. 行政许可　　D. 行政给付

## ☑ 多项选择题

**1.** 行政应急的特征包括（    ）。

A. 事件的突发性和紧急性　　　　　B. 权力行使的优先性

C. 程序的非常规性　　　　　　　　D. 目的的公益性

**2.** 行政应急的基本原则有（    ）。

A. 法治原则　　B. 比例原则　　C. 公开原则　　D. 救济原则

**3.** 行政应急状态下，可能受到限制的公民权利有（    ）。

A. 人身自由权　　B. 财产权　　C. 言论自由权　　D. 通信自由权

**4.** 行政应急终止的程序通常包括（    ）。

A. 有关部门提出终止建议　　　　　B. 法定机关决定终止

C. 发布终止决定或命令　　　　　　D. 做好终止后的相关工作

**5.** 行政应急措施的实施应当遵循的要求有（    ）。

A. 实施主体必须合法

B. 必须有法律依据

C. 应符合比例原则

D. 应尽量减少对公民合法权益的损害

**6.** 以下属于行政应急法律责任的承担方式的有（    ）。

A. 行政赔偿　　B. 行政补偿　　C. 行政处分　　D. 刑事处罚

## 名词解释

行政应急

## 简答题

1. 简述行政应急法制的特点。
2. 简述行政应急法制的功能。
3. 简述行政应急行为设定的方式。

# 第十二章　行政程序

## 基础知识图解

行政程序
- 行政程序的概述
  - 行政程序的概念和特征
  - 行政程序的类型
  - 行政程序的功能
  - 行政程序的原则
- 行政程序制度
  - 职权分离制度
  - 行政回避制度
  - 行政公开制度
  - 禁止单方接触制度
  - 行政听证制度
  - 证据排除制度
  - 说明理由制度
  - 案卷排他制度
  - 行政时效制度
- 政府信息公开
  - 政府信息公开的概念
  - 政府信息公开的类型
  - 政府信息公开的原则
  - 政府信息公开制度

## 配套测试

### 单项选择题

**1.** 以（　　）为标准，行政程序可分为抽象行政程序和具体行政程序。
A. 行政程序的适用范围　　　　B. 行政行为的对象是否特定
C. 行政职能的差异　　　　　　D. 是否有明确法律规定

**2.** 我国在（　　）中第一次以法律形式确定了听证制度。
A.《专利法》　　B.《行政赔偿法》　　C.《商标法》　　D.《行政处罚法》

**3.** 行政程序是指（　　）。
A. 司法机关审查行政行为时所遵循的程序
B. 行政机关的行为过程的总和

C. 行政相对方的行为过程的总和

D. 行政主体的行政行为过程的总和

**4.** 下列属于公正原则的保障制度的是（　　）。

A. 合议制　　　　B. 首长负责制　　　　C. 时效制度　　　　D. 一般程序制度

**5.** 下列有关行政程序的说法错误的是（　　）。

A. 行政程序包括相对人参与行政行为的程序

B. 行政程序具有法定性

C. 行政程序具有多样性

D. 行政程序不可能制定一部统一的法典

**6.** 我国《行政处罚法》第55条规定，执法人员在调查或者进行检查时，应当主动向当事人或有关人员出示执法证件。这体现了行政程序法基本制度中的（　　）。

A. 调查制度　　　　B. 告知制度　　　　C. 表明身份制度　　　　D. 说明理由制度

**7.** 行政处理中的听证是（　　）的程序。

A. 听取行政相对人的意见　　　　B. 听取相关国家机关的意见

C. 听取有关专家的意见　　　　D. 听取社会公众的意见

**8.** 某环保公益组织以一企业造成环境污染为由提起环境公益诉讼，后因诉讼需要，向县生态环境局申请公开该企业的环境影响评价报告、排污许可证信息。县生态环境局以该组织无申请资格和该企业在该县有若干个基地，申请内容不明确为由拒绝公开。下列哪一说法是正确的？（　　）

A. 该组织提出申请时应出示其负责人的有效身份证明

B. 该组织的申请符合根据自身生产、生活、科研等特殊需要要求，县生态环境局认为其无申请资格不成立

C. 对该组织的申请内容是否明确，县生态环境局的认定和处理是正确的

D. 该组织所申请信息属于依法不应当公开的信息

## 多项选择题

**1.** 行政程序的基本原则有（　　）。

A. 公开原则　　　　B. 公正、公平原则

C. 参与原则　　　　D. 效率原则

**2.** 行政效率原则是通过下述哪些制度保障的？（　　）

A. 时效制度　　　　B. 代理制度

C. 申诉不停止执行制度　　　　D. 听证制度

**3.** 下列属于行政程序基本制度的有（　　）。

A. 行政听证制度　　　　B. 审裁分离制度

C. 说明理由制度　　　　D. 信息获取制度

**4.** 属于内部行政程序的有（　　）。

A. 听证程序　　　　B. 调查程序

C. 行政系统内公文办理程序　　　　D. 行政首长签署程序

**5.** 行政程序法的主要作用有（　　）。

A. 监督和控制行政权

B. 保障行政职权的充分、有效、合法行使

C. 提高行政效率

D. 保护相对方合法权益

**6.** 治安处罚程序属于（　　）。
A. 外部行政程序　　　　　　　　B. 法定行政程序
C. 行政执法程序　　　　　　　　D. 行政裁判程序

**7.** 下列各项哪些属于行政程序效率模式中的保障制度？（　　）
A. 时效制度　　　　　　　　　　B. 听证制度
C. 紧急处置制度　　　　　　　　D. 申诉不停止执行制度

**8.**《行政处罚法》中体现处罚公开原则的制度是（　　）。
A. 表明身份制度　　　　　　　　B. 裁执分离制度
C. 听证制度　　　　　　　　　　D. 听取意见的制度

**9.** 下列基本制度中，主要目的在于保障行政公正原则的是（　　）。
A. 回避制度　　　　　　　　　　B. 表明身份制度
C. 时效制度　　　　　　　　　　D. 简易程序制度

## 名词解释

1. 行政程序的公开原则
2. 行政程序的公正、公平原则
3. 行政程序的参与原则
4. 行政程序的效率原则
5. 行政程序的代理制度

## 简答题

1. 简述程序公正原则的保障制度。
2. 简述行政行为说明理由制度所包含的内容。
3. 简述行政程序的概念及其法律特征。

## 论述题

试述行政程序的主要制度。

# 第十三章 行政复议

## 基础知识图解

行政复议
- 行政复议概述
  - 行政复议的性质与特征
  - 行政复议的组织与功能
  - 行政复议的原则
  - 行政复议的参加人
- 行政复议的范围
  - 可申请复议的范围
  - 请求审查行政规范性文件
  - 不能申请复议的范围
- 行政复议的申请与受理
  - 行政复议的申请
  - 行政复议的受理

## 配套测试

### 单项选择题

**1.** 行政复议不同于行政诉讼，主要体现在（　　）上。
A. 合法原则　　　B. 公开原则　　　C. 便民原则　　　D. 公正原则

**2.** 下列属于行政复议应遵循的原则的是（　　）。
A. 二级复议制原则　　B. 秘密原则　　C. 调解原则　　D. 合法原则

**3.** 行政复议作为一项重要的法律制度，是（　　）。
A. 行政机关解决民事纠纷的活动　　　B. 行政机关解决行政纠纷的活动
C. 行政仲裁机关解决纠纷的活动　　　D. 人民法院解决行政纠纷的活动

**4.** 行政复议行为的性质是（　　）。
A. 司法行为　　　B. 行政裁决行为　　　C. 行政仲裁行为　　　D. 行政司法行为

**5.** 行政复议权只能由法律、法规规定的国家（　　）专门享有。
A. 权力机关　　　B. 检察机关　　　C. 审判机关　　　D. 行政机关

**6.** 行政复议（　　）。
A. 以法律、法规、自治条例、单行条例为依据，参照规章
B. 审查的受案范围没有行政诉讼宽泛
C. 既包括合法性审查也包括合理性审查
D. 以开庭审理为主，以书面审查为辅

**7.** 甲与乡政府约定，利用自己在海外的关系，为该乡招商引资，如引资超过 100 万元人民币，则乡政府一次性奖励其 10 万元人民币。后甲引进外商资金 300 万元人民币，但是乡政府却不

愿奖励甲。于是甲向县政府提起行政复议，县政府应如何处理？（　　）

　　A. 县政府不应受理甲的申请

　　B. 县政府只能协调甲与乡政府的纠纷

　　C. 县政府应该受理该申请

　　D. 县政府应告知甲只能向人民法院提起行政诉讼

**8.** 公民、法人或其他组织向人民法院起诉，人民法院已经受理的（　　）。

　　A. 可以再申请复议

　　B. 不得申请复议

　　C. 法院判决后再申请复议

　　D. 被法院驳回起诉后再申请复议

**9.** 下列（　　）属于行政复议受案范围。

　　A. 行政机关处理离婚纠纷的调解书

　　B. 行政机关撤销其工作人员担任某职务的决定

　　C. 行政机关颁布禁止燃放爆竹的决定

　　D. 行政机关对林木资源所有权归属的处理决定

**10.** 下列选项中哪个是不能提起行政复议的行为？（　　）

　　A. 某市交通管理局发布了排气量为1升以下的汽车不予上牌照的规定，并据此对吴某的汽车采取不予上牌照的行为

　　B. 某乡政府发布通告劝导农民种植高产农作物的行为

　　C. 城建部门将某施工企业的资质由一级变更为二级的行为

　　D. 民政部门对王某成立社团的申请不予批准的行为

**11.** 某村村民甲与乙因宅基地发生纠纷，乡政府对此进行了处理，确认甲对该宅基地有使用权。乙对此不服，可（　　）。

　　A. 向县政府申请行政复议　　　　　　B. 向县政府自然资源和规划局申请复议

　　C. 向人民法院提起行政诉讼　　　　　D. 向人民法院提起民事诉讼

**12.** 某市某区某街道办事处所属铸造厂，由甲承包。因甲在承包期间经营不善，街道办事处下令停办。甲不服，应（　　）。

　　A. 向区政府申请复议　　　　　　　　B. 向法院提起民事诉讼

　　C. 向市政府申请复议　　　　　　　　D. 属于内部行为，不能提起行政复议

**13.** 某市政府所属一行政机关对张某作出具体行政行为后，该机关被撤销，此时若张某不服，应向（　　）申请复议。

　　A. 某市政府　　　　　　　　　　　　B. 某市政府主管部门

　　C. 取代该机关的行政机关　　　　　　D. 接受合并的行政机关

**14.** 行政相对人对行政机关委托的组织所作的具体行政行为不服的，被申请复议的主体是（　　）。

　　A. 作出委托的行政机关　　　　　　　B. 作出具体行政行为的组织

　　C. 作出具体行政行为组织的主管行政机关　　D. 作出具体行政行为组织的上级机关

**15.** 对省、自治区、直辖市人民政府的具体行政行为不服，经省、自治区、直辖市人民政府行政复议，对该复议决定仍不服的，相对人（　　）。

　　A. 不能再申请行政复议，因为行政复议采用一级复议原则

　　B. 可以向国务院申请裁决，但该裁决为最终裁决

　　C. 可以向人民法院提起诉讼，但是必须先经过国务院的复议程序

D. 只能向人民法院提起诉讼

**16.** 行政机关对提出的行政复议申请无正当理由不予受理的（　　）。

A. 上级行政机关只能责令其受理

B. 上级行政机关应当直接受理

C. 由人民法院裁定其受理

D. 上级行政机关应当责令其受理，必要时，可以直接受理

**17.** 对海关、金融、外汇管理等实行垂直领导的行政机关和国家安全机关的具体行政行为不服的，向（　　）申请行政复议。

A. 同级人民政府　　　　　　　　　B. 上一级人民政府

C. 国务院　　　　　　　　　　　　D. 上一级主管部门

**18.** 复议当事人在行政复议中（　　）。

A. 法律地位平等　　　　　　　　　B. 复议权利相同

C. 复议义务相同　　　　　　　　　D. 权利义务相等

**19.** 根据市政府整顿农贸市场的决定，某区市场监督管理局和公安局对农贸市场进行检查。在检查过程中，因某个体户乱设摊点，给予其吊销营业执照的处罚。该个体户不服，申请复议。此案应以谁为被申请人？（　　）

A. 某区市场监督管理局

B. 某区公安局

C. 某区市场监督管理局和公安局为共同被申请人

D. 某区市场监督管理局和公安局共同上一级机关为被申请人

**20.** 行政复议（　　）。

A. 只能由作出行政决定的行政机关的上级机关管辖

B. 只审理对具体行政行为不服的案件

C. 只审查具体行政行为的合法性

D. 必须先行调解

**21.** 关于行政复议第三人，下列哪一选项是错误的？（　　）

A. 第三人可以委托1名至2名代理人参加复议

B. 第三人不参加行政复议，不影响复议案件的审理

C. 复议机关应为第三人查阅有关材料提供必要条件

D. 第三人与申请人逾期不起诉又不履行复议决定的强制执行制度不同

**22.** 关于行政复议的申请时间，下列说法正确的是（　　）。

A. 公民、法人或者其他组织可以自知道该具体行政行为之日起60日内提出行政复议申请

B. 公民、法人或者其他组织可以自该具体行政行为作出之日起60日内提出行政复议申请

C. 公民、法人或者其他组织可以自知道该具体行政行为之日起2个月内提出行政复议申请

D. 公民、法人或者其他组织可以自该具体行政行为作出之日起2个月内提出行政复议申请

**23.** 甲自行组织同乡会，某市民政部门以其未经批准为由决定予以取缔。甲不服，向市政府申请复议，市政府应（　　）。

A. 受理复议申请　　　　　　　　　B. 不予受理，因不属行政复议范围

C. 告知其向省民政厅申请复议　　　D. 不予受理，因取缔决定并不违法

**24.** 对复议被申请人提供的书面答复和作出具体行政行为的有关材料，申请人、第三人在复议过程中（　　）。

A. 不可以查阅　　　　　　　　　　B. 有权查阅

C. 可以查阅　　　　　　　　　　　　D. 经复议机关准许可以查阅

**25.** 行政复议的被申请人应当自收到行政复议机关发送的申请书副本或申请笔录复印件之日起（　　）内，提出书面答复，并提交当初作出具体行政行为的证据、依据和其他有关材料。

A. 5 日　　　　B. 7 日　　　　C. 10 日　　　　D. 15 日

**26.** 行政复议决定书邮寄送达的，以（　　）为送达日期。

A. 挂号回执上注明的收件日期

B. 复议机关作出复议决定的日期

C. 邮局寄出复议决定书邮件的邮戳日期

D. 邮局接收复议决定书邮件的邮戳日期

**27.** 某村瓜农赵某拉了一车瓜到县城售卖，遇到一伙人哄抢，其子急忙到某派出所报案。时值中午，值班民警以不能离开为由推诿，未采取任何措施，致使瓜被抢光。赵某申请复议。复议机关应作何种复议决定？（　　）

A. 行政赔偿决定　　　　　　　　　　B. 确认派出所行为违法决定

C. 责令被申请人履行职责决定　　　　D. 维持决定

**28.** 行政复议机关认为被申请人所作具体行政行为适用的依据不合法的，应作出下列何种复议决定？（　　）

A. 维持决定　　　B. 补正决定　　　C. 履行决定　　　D. 撤销决定

**29.** 行政相对人对公安机关实施的行政拘留处罚不服，申请行政复议的期限为收到行政拘留裁决书之日起（　　）。

A. 5 日内　　　B. 15 日内　　　C. 30 日内　　　D. 60 日内

**30.** 甲市乙区政府决定征收某村集体土地 100 亩，该村 50 户村民不服，申请行政复议。下列哪一说法是错误的？（　　）

A. 申请复议的期限为 30 日

B. 村民推选 1 名至 5 名代表参加复议

C. 甲市政府为复议机关

D. 如要求申请人补正申请材料，应在收到复议申请之日起 5 日内书面通知申请人

**31.** 某区市场监督管理局以某公司生产经营超过保质期的食品违反《食品安全法》为由，作出处罚决定。公司不服，申请行政复议。关于此案，下列哪一说法是正确的？（　　）

A. 申请复议期限为 60 日

B. 公司不得以电子邮件形式提出复议申请

C. 行政复议机关不能进行调解

D. 公司如在复议决定作出前撤回申请，行政复议中止

## 多项选择题

**1.**《行政复议法》规定的行政复议基本原则有下面哪些？（　　）

A. 合法　　　　　　　　　　　　B. 公开、公正

C. 高效、便民、为民　　　　　　D. 一级复议

**2.** 申请复议的条件有（　　）。

A. 申请人是认为具体行政行为侵犯其合法权益的公民、法人或其他组织

B. 有明确的申请人

C. 属于依法可申请复议的范围

D. 相应复议属于受理复议机关管辖

**3.** 省师范大学学生甲考试作弊，但学校一直未将其除名，甲一直在校读书，毕业时，学校不给甲发放毕业证，甲向教育局申请复议，教育局对甲的复议申请（　　）。

A. 应当受理，因符合行政复议的条件

B. 应当受理，因学校属于法律、法规授权的组织

C. 不予受理，因不属于行政复议范围

D. 不予受理，因学校不属于行政机关

**4.** 下列哪些行为属于行政复议的范围？（　　）

A. 申请行政机关依法给付抚恤金，行政机关没有依法给付

B. 申请行政机关依法给付退休金，行政机关没有依法给付

C. 申请行政机关依法给付最低生活保障费，行政机关没有依法给付

D. 申请行政机关依法给付社会保险金，行政机关没有依法给付

**5.** 对下列规范性文件不服，可以一并提起行政复议的有（　　）。

A. 中纪委作出的决定

B. 司法部的规定

C. 杭州市政府作出的具有普遍约束力的规章以外的规定

D. 某民族自治县人大所制定的自治条例

**6.** 国家药品监督管理局下达文件，通报某药业公司生产的药品质量低劣。由此导致经销商纷纷退货，使该公司产品大量积压，损失巨大。下列说法中正确的有（　　）。

A. 该公司可以向法院提起行政诉讼

B. 该公司可以在申请复议时要求复议机关审查该文件

C. 不能申请复议，因为是规范性文件

D. 可以申请复议，因为是具体行政行为

**7.** 下列有关行政复议申请的说法，正确的有（　　）。

A. 有权申请行政复议的公民死亡的，其近亲属可以申请行政复议

B. 有权申请行政复议的人为无民事行为能力人的，其法定代理人可以代为申请行政复议

C. 申请人可以委托代理人代为参加行政复议

D. 第三人可以委托代理人代为参加行政复议

**8.** 下列哪些选项可以作为行政复议机关审理行政复议案件的依据？（　　）

A. 上级行政机关对案件的处理意见

B. 上级行政机关制定的具有普遍约束力的决定、命令

C. 地方性法规、规章

D. 法律、行政法规

**9.** 除法律规定终局的行政复议外，申请人对行政复议决定不服的，可以在收到复议决定书之日起15日内，或者法律、法规规定的其他期限内向人民法院起诉。对申请人逾期不起诉又不履行复议决定的（　　）。

A. 一律由复议机关申请人民法院强制执行

B. 一律由最初作出具体行政行为的行政机关申请人民法院强制执行，或者依法强制执行

C. 变更行政行为的行政复议决定书，由行政复议机关依法强制执行，或者申请人民法院强制执行

D. 维持行政行为的行政复议决定书，由作出行政行为的行政机关依法强制执行，或者申请人民法院强制执行

**10.** 关于行政复议有关事项的处理，下列哪些说法是正确的？（　　）

A. 申请人因不可抗力不能参加行政复议致行政复议中止满 60 日的，行政复议终止
B. 复议进行现场勘验的，现场勘验所用时间不计入复议审理期限
C. 申请人对行政拘留不服申请复议，复议期间因申请人同一违法行为涉嫌犯罪，该行政拘留变更为刑事拘留的，行政复议中止
D. 行政复议期间涉及专门事项需要鉴定的，当事人可以自行委托鉴定机构进行鉴定

## 不定项选择题

**1.** 申请人对行政机关作出的具体行政行为不服，依法申请行政复议，而复议机关无正当理由拒绝受理或不予答复的，申请人可通过何种途径寻求法律救济？（　　）
A. 可以向复议机关的上级机关申诉，由上级行政机关责令其受理，必要时由上级机关直接受理
B. 可以直接向复议机关的上级机关申请复议
C. 若该具体行政行为属于行政诉讼受案范围，复议机关超过法定复议期限不予答复的，可以原行政机关为被告提起行政诉讼
D. 即使此类案件属于复议前置，对复议机关不予受理的裁决，仍可依法向法院起诉

**2.** 某市交通管理局发布文件，规定对高速公路过往车辆征收过路费。徐某开车路过时被征收过路费，其认为属于乱收费，欲提起复议申请。下列选项中正确的有（　　）。
A. 徐某可以直接对该征收行为提起行政复议
B. 徐某可以针对该规范性文件要求复议审查
C. 徐某可以在申请复议征收行为时要求审查该规范性文件
D. 徐某可以不经过复议，直接向人民法院提起行政诉讼

**3.** 行政复议与行政诉讼都是解决行政争议的制度，下列选项中属于二者之间的区别的有（　　）。
A. 行政复议的受案范围要比行政诉讼更为宽泛
B. 行政复议的审查范围要大于行政诉讼的审查范围
C. 行政复议参加人的种类要比行政诉讼参加人的种类多
D. 行政复议程序不同于行政诉讼程序

## 名词解释

1. 行政复议
2. 行政复议法律关系
3. 行政复议法律关系主体
4. 行政复议机关
5. 行政复议的申请人
6. 行政复议的被申请人
7. 行政复议程序
8. 行政复议的申请
9. 行政复议的受理
10. 行政复议的审理
11. 行政复议决定

## 简答题

1. 简述行政复议管辖。
2. 简述行政复议决定的形式及其条件。
3. 简述申请行政复议的条件。

## 论述题

试论行政复议的范围。

# 第十四章 国家赔偿与补偿

## 基础知识图解

国家赔偿与补偿 ┬ 国家赔偿 ┬ 概述
              │         ├ 行政赔偿
              │         ├ 司法赔偿
              │         └ 国家赔偿的方式、标准和费用
              └ 国家补偿

## 配套测试

### 单项选择题

**1.** 某法院以杜某逾期未履行偿债判决为由，先将其房屋查封，后裁定将房屋过户以抵债。杜某认为强制执行超过申请数额而申请国家赔偿，要求赔偿房屋过户损失 30 万元，因查封造成的屋内财产毁损和丢失的 5000 元，误工损失 2000 元，以及精神损失费 1 万元。下列哪一事项属于国家赔偿范围？（　　）

A. 2000 元　　　　B. 5000 元　　　　C. 1 万元　　　　D. 30 万元

**2.** 甲市乙县法院强制执行生效民事判决时执行了案外人李某的财产且无法执行回转。李某向乙县法院申请国家赔偿，遭到拒绝后申请甲市中级人民法院赔偿委员会作出赔偿决定。赔偿委员会适用质证程序审理。下列哪一说法是正确的？（　　）

A. 乙县法院申请不公开质证，赔偿委员会应当予以准许

B. 李某对乙县法院主张的不利于自己的事实，既未表示承认也未否认的，即视为对该项事实的承认

C. 赔偿委员会根据李某的申请调取的证据，作为李某提供的证据进行质证

D. 赔偿委员会应当对质证活动进行全程同步录音录像

**3.** 某市出租汽车管理处为市交通局下属事业单位。根据 A 省人大通过的法规授权，该出租汽车管理处有收取管理费的权利。现该出租汽车管理处收取甲的管理费 4 万元中有 1 万元经确认属违法。甲欲提起诉讼，应以（　　）为赔偿义务机关。

A. 某市交通局与出租汽车管理处为共同赔偿义务机关

B. 授予职权的 A 省人大

C. 某市交通局

D. 某市出租汽车管理处

**4.** 下列关于赔偿请求人向共同赔偿义务机关要求赔偿的说法中正确的是（　　）。

A. 赔偿请求人可以向共同赔偿义务机关中的任何一个赔偿义务机关要求赔偿

B. 应由共同赔偿义务机关协商酌定

C. 赔偿请求人应当向共同赔偿义务机关中最先侵权的赔偿义务机关要求赔偿

D. 赔偿请求人应当向共同赔偿义务机关中最先确认违法的赔偿义务机关要求赔偿

**5.** A省艺术学院治安联防队接受B区公安分局的委托值勤，在值勤过程中，联防队员王某抓获正在行窃的张某。因张某出言不逊，王某用警棍把张某击伤。张某向法院提起诉讼，应由谁承担赔偿的责任？（　　）

A. A省艺术学院治安联防队

B. 王某

C. B区公安分局和A省艺术学院治安联防队

D. B区公安分局

**6.** 某市公安局刑事警察赵某下班期间发现有人斗殴，即予以制止。正巧打架的马某与赵某有隙，便对赵某出言不逊。赵某大怒，拔枪将马某击伤。下列关于赔偿责任的说法正确的是（　　）。

A. 应由赵某赔偿，因其行为属于与行使职权无关的个人行为

B. 应由赵某赔偿，因其是刑事警察，无治安管理职权，且是在下班期间作出

C. 应由公安局赔偿，因赵某的行为是执行职务

D. 应由公安局赔偿，因赵某的行为属于违法使用武器、警械造成公民身体伤害的情形

**7.** 某市公安局接到举报，称甲出售淫秽录像，遂对其经营场所进行停业检查，结果一无所获，但在检查过程中，公安人员不小心将甲的DVD弄坏。现甲要求公安局赔偿，下列表述中正确的是（　　）。

A. 公安局违法行使职权，应赔偿修复DVD的费用以及停业所造成的经济损失

B. 公安局违法行使职权，应赔偿甲修复DVD的费用以及停业检查期间为正常运营所支付的费用

C. 公安局的行为是治安管理的需要，符合法定程序，不予赔偿

D. 公安局违法行使职权，应赔偿甲修复DVD的费用

**8.** 下列关于赔偿请求人要求行政赔偿程序的说法中正确的是（　　）。

A. 赔偿请求人要求赔偿必须先向赔偿义务机关提出，不允许在申请行政复议和提起行政诉讼时一并提出

B. 赔偿请求人在行政诉讼中不能一并提出赔偿申请，赔偿申请须先向赔偿义务机关提出，这是行政先行处理原则

C. 赔偿请求人要求赔偿应当先向赔偿义务机关提出，也可以在申请行政复议和提起行政诉讼时一并提出

D. 赔偿请求人不必先向赔偿义务机关提出，也可以向人民法院直接提出赔偿申请

## 多项选择题

**1.** 下列对国家赔偿责任的特征表述正确的是（　　）。

A. 国家承担责任，机关履行赔偿义务

B. 赔偿范围有限，窄于民事赔偿，甚至有的国家机关造成了损害，国家也并不承担赔偿责任

C. 赔偿方式和标准法定化

D. 赔偿程序单一化，仅有《国家赔偿法》规定的单一程序

**2.** 再审改判无罪，作出原生效判决的人民法院为赔偿义务机关。下列表述中正确的

有（    ）。

A. 被告人上诉或者人民检察院抗诉，原二审人民法院对一审人民法院判决予以改判的，原二审人民法院为赔偿义务机关

B. 被告人上诉或人民检察院抗诉，原二审人民法院维持一审判决，原一审人民法院为赔偿义务机关

C. 原一审人民法院作出判决后，判决发生法律效力的，原一审人民法院为赔偿义务机关

D. 被告人上诉或者人民检察院抗诉，原二审人民法院维持一审判决的，原二审人民法院为赔偿义务机关

**3.** 下列可提起国家赔偿的有（    ）。

A. 某市公安局误对李某处以警告，损害了李某的名誉权

B. 某市税务局为追回所欠税款，将个体户韩某关押15天

C. 某乡政府强制摊派每位农民缴纳10元，作为支援灾区的"捐款"

D. 某局无故免去下属某部门负责人职务，造成该人工资损失3000元

**4.** 下列情形中，国家依法不予赔偿的有（    ）。

A. 某区人民法院在审理合同纠纷案件时因适用法律错误造成错判，该判决的执行致使当事人蒙受1000余万元的经济损失

B. 李某自己故意伪造罪证被逮捕

C. 民警李某下班回家时见到其父与邻居争吵，怒从心起，开枪将其邻居打成重伤

D. 税务局干部朱某与个体户唐某不睦，遂以偷税为名对唐某处以人民币5000元的处罚

**5.** 下列行政赔偿请求，人民法院应受理的有（    ）。

A. 因具体行政行为已被赔偿义务机关确认违法，遂未经赔偿义务机关先行处理而直接提起行政赔偿诉讼

B. 在提起行政诉讼时一并提出行政赔偿诉讼请求

C. 具体行政行为已被确认违法，但赔偿义务机关不予赔偿而提起行政赔偿诉讼

D. 认为具体行政行为明显违法，遂直接向人民法院提起行政赔偿诉讼

**6.** 下列情形中可作为人民法院受理的国家赔偿案件的有（    ）。

A. 某县政府作出规定，要求全县居民每人交纳10元希望工程捐款，张某拒绝交纳但被强制从工资单上扣除，张某诉至法院要求赔偿

B. 某县公安局民警在执行巡逻任务时拦阻一辆卡车，该民警着便装，故司机未停车。民警遂举枪射击，致司机当场死亡，卡车报废

C. 某公安局警察苏某与王某不睦，遂借王某被拘留之际唆使与王某在同一牢房的其他人员将王某打成重伤

D. 张某在与前来调查的反贪局工作人员李某谈话时谎称自己接受了10000元贿赂，遂被检察机关拘留

**7.** 区公安分局民警孙某在执法过程中，将孟某左眼打伤。后经鉴定孟某的伤情构成7级伤残。孟某申请国家赔偿。下列属于国家赔偿范围的有（    ）。

A. 医疗费

B. 孟某扶养的无劳动能力人的生活费

C. 残疾生活辅助具费

D. 残疾赔偿金

## 不定项选择题

**1.** 甲市某县公安局以李某涉嫌盗窃罪为由将其刑事拘留，经县检察院批准逮捕，县法院判处

李某有期徒刑 6 年，李某上诉，甲市中级人民法院改判其无罪。李某被释放后申请国家赔偿，赔偿义务机关拒绝赔偿，李某向甲市中级人民法院赔偿委员会申请作出赔偿决定。下列选项正确的是（　　）。

  A. 赔偿义务机关拒绝赔偿的，应书面通知李某并说明不予赔偿的理由
  B. 李某向甲市中级人民法院赔偿委员会申请作出赔偿决定前，应当先向甲市检察院申请复议
  C. 对李某申请赔偿案件，甲市中级人民法院赔偿委员会可指定一名审判员审理和作出决定
  D. 如甲市中级人民法院赔偿委员会作出赔偿决定，赔偿义务机关认为确有错误的，可以向该省高级人民法院赔偿委员会提出申诉

**2.** 某县公安局以涉嫌诈骗为由将张某刑事拘留，并经县检察院批准逮捕，后县公安局以证据不足为由撤销案件，张某遂申请国家赔偿。下列说法正确的是（　　）。

  A. 赔偿义务机关为县公安局和县检察院
  B. 张某的赔偿请求不属国家赔偿范围
  C. 张某当面递交赔偿申请书，赔偿义务机关应当场出具加盖本机关专用印章并注明收讫日期的书面凭证
  D. 如赔偿义务机关拒绝赔偿，张某可向法院提起赔偿诉讼

**3.** 某县市场监督管理局以某厂擅自使用专利申请号用于产品包装广告进行宣传、销售为由，向某厂发出扣押、封存该厂胶片带成品通知书。该厂不服，向法院起诉要求撤销某县市场监督管理局的扣押财物通知书，并提出下列赔偿要求：返还扣押财物、赔偿该厂不能履行合同损失 100 万元、该厂名誉损失和因扣押财物造成该厂停产损失 100 万元。后法院认定某县市场监督管理局的扣押通知书违法，该厂提出的下列何种请求事项不属于国家赔偿的范围？（　　）

  A. 返还扣押财物      B. 某厂不能履行合同损失 100 万元
  C. 某厂名誉损失      D. 某厂停产损失 100 万元

**4.** 某保安公司受县公安局委托担负夜间治安巡逻任务，该公司临时工吴某在执行职务时违法使用警棍将孙某打伤，孙某提出赔偿请求，则赔偿义务机关是（　　）。

  A. 保安公司       B. 孙某
  C. 县公安局       D. 前三者承担连带责任

**5.** 王某是有权要求国家赔偿的受害人，在请求国家赔偿期间内王某突然死亡。下列关于王某请求国家赔偿的权利的说法，哪些是正确的？（　　）

  A. 因死亡而自然消失    B. 转移给他的近亲属
  C. 转移给他的继承人    D. 转移给与他有扶养关系的亲属

## 名词解释

**1.** 行政赔偿
**2.** 国家赔偿的过错归责原则
**3.** 国家赔偿的无过错责任原则
**4.** 危险责任
**5.** 行政赔偿请求人
**6.** 行政赔偿义务机关
**7.** 行政赔偿第三人
**8.** 行政赔偿程序
**9.** 行政追偿
**10.** 行政追偿的形式

11. 法定行政补偿
12. 裁量行政补偿

## 简答题

1. 简述行政赔偿与司法赔偿的不同点。
2. 简述国家承担赔偿责任的前提条件。
3. 简述国家行政赔偿"违法归责"原则。
4. 简述国家赔偿责任的构成要件与归责原则的联系与区别。
5. 简述国家赔偿责任的消极范围。
6. 简述我国《国家赔偿法》确定的行政赔偿义务机关的范围。
7. 简述我国《国家赔偿法》所规定的行政赔偿方式。
8. 简述国家承担行政赔偿时对侵犯财产权的计算标准的规定。
9. 简述请求人提出行政赔偿请求的形式要件。
10. 简述国家行政机关行使行政追偿权应具备的条件。
11. 简述我国承担行政补偿的方式。

## 论述题

1. 试分析国家赔偿责任的性质。
2. 论国家赔偿责任的理论基础。
3. 试述我国行政赔偿的侵权损害范围。
4. 分析行政赔偿请求人是如何确定的。
5. 试述行政赔偿诉讼。
6. 分析行政补偿的理论基础。
7. 试论行政补偿。

## 案例分析题

1. 某车管局未经检查就给机动车办理了年检证，后一车因未被检查的毛病给他人造成损失。问：
   （1）该案是否可以提起行政附带民事诉讼？
   （2）用国家赔偿责任的因果关系理论评析某车管局的行为与损害是否存在因果关系。
   （3）车主承担民事责任后，不足部分能否提出国家赔偿请求？或者国家赔偿与民事赔偿是何关系？互补还是替代？

2. 某市市场监督管理局干部郑某与个体户王某素有积怨，故借执行公务之机，以王某有销售假冒伪劣商品的行为为由将其货物查封，同时扣押了王某的营业执照。在查封期间遇暴雨，货物被淋湿。王某不服，向该市市场监督管理局要求处理此事。市场监督管理局作出处理决定，认为王某违法证据不足，郑某的行为是滥用职权，决定归还王某的营业执照。同时认定货物受淋的损失系房屋漏雨造成，应由市场监督管理局和郑某各承担50%的损失。王某对此决定不服，以市场监督管理局赔偿太少为由，随即向市人民法院提起诉讼，请求赔偿其货物的全部损失。问：
   （1）法院能否受理此案？为什么？
   （2）本案中市场监督管理行政机关的行政赔偿责任是否成立？为什么？
   （3）本案的赔偿义务主体是该市市场监督管理局还是郑某？为什么？

# 第十五章 行政诉讼

## 基础知识图解

行政诉讼
- 行政诉讼的基本问题
- 行政诉讼的概念与特征
- 行政诉讼与其他诉讼的关系
- 行政诉讼的历史发展
- 行政诉讼的目的与功能
- 行政诉讼的原则
  - 人民法院对行政行为合法性审查的原则
  - 司法有限变更原则
  - 司法最终裁决的原则

## 配套测试

### 单项选择题

**1.** 与民事诉讼、刑事诉讼相比，以下哪个基本原则为行政诉讼所独有的？（　　）
A. 行政行为合法性审查原则
B. 合议原则
C. 人民法院独立行使审判权原则
D. 当事人法律地位平等原则

**2.** 在行政诉讼法律关系中，原告特有的诉讼权利之一是（　　）。
A. 委托诉讼代理人　　　　　　B. 撤诉
C. 申请回避　　　　　　　　　D. 提起上诉

**3.** 在行政诉讼法律关系中，始终占主导地位的一方是（　　）。
A. 行政机关　　B. 原告　　C. 被告　　D. 人民法院

### 多项选择题

**1.** 以下表述中哪些体现了行政诉讼与民事诉讼的区别？（　　）
A. 两者在能否适用调解的问题上不相同
B. 两者所贯彻的基本原则均不相同
C. 行政诉讼中原被告具有恒定性，民事诉讼则不具有
D. 两者所解决的争议性质不相同

**2.** 我国的《行政诉讼法》是（　　）。
A. 行政程序法的一部分

B. 行政法的程序法

C. 监督行政机关是否依法行政的法律

D. 行政系统以外的法院对行政行为审查的程序依据

**3.** 以下关于行政诉讼中"当事人法律地位平等原则"表述正确的有（　　）。

A. 行政机关在行政诉讼中仍处于优越的地位

B. 公民、法人或其他组织与行政机关均是法律地位平等的当事人，平等地享有诉讼权利

C. 诉讼中对原、被告适用的法律制度完全一致

D. 该原则强调的是双方当事人在司法权面前的平等

**4.** 依据行政诉讼法的规定，我国行政诉讼实行（　　）原则。

A. 告诉才受理　　　B. 不告不理　　　C. 主动受理　　　D. 职权主义

**5.** 人民法院审理行政案件，以（　　）为依据。

A. 法律　　　　　　　　　　　　B. 行政法规

C. 自治条例与单行条例　　　　　D. 地方性法规

**6.** 下列不属于人民法院合法性审查范围的选项有（　　）。

A. 行政行为的合法性

B. 规章的合法性

C. 行政处罚行为是否明显不当

D. 抽象行政行为的合理性

**7.** 行政诉讼与刑事诉讼在以下哪些方面存在差异？（　　）

A. 案件的性质

B. 起诉的起诉人

C. 审理的目的

D. 适用的实体法律规范和程序法律规范

**8.** 人民法院公开审理行政案件，但下列哪些案件应当不公开审理？（　　）

A. 当事人要求不公开的　　　　　B. 涉及个人隐私的

C. 涉及国家秘密的　　　　　　　D. 法律另有规定的

**9.** 法院审理行政案件，对下列哪些事项，《行政诉讼法》没有规定的，适用《民事诉讼法》的相关规定？（　　）

A. 受案范围、管辖

B. 期间、送达、财产保全

C. 开庭审理、调解、中止诉讼

D. 检察院对受理、审理、裁判、执行的监督

## 不定项选择题

甲、乙两家为宅基地发生争执，乡政府对此作出裁决，认为争议的宅基地归甲。乙对这一裁决不服，欲提起诉讼。现问：

（1）乙能否直接就与甲的争议提起民事诉讼？（　　）

A. 可以。因为民事诉讼法没有类似于行政诉讼法"受案范围"的限制，几乎所有的民事争议都可以通过民事诉讼解决

B. 不可以。乡政府的裁决行为一经送达甲和乙，即发生了法律效力，甲只能承担该裁决行为的法律后果，不得再有异议

C. 可以。因民事诉讼即解决平等民事主体之间的民事争议的

D. 不可以。本案中甲应遵循先行后民的原则，先提起行政诉讼
（2）如果乙欲提起行政诉讼，下列选项中正确的有（　　）。
A. 因行政诉讼以审查被诉的具体行政行为的合法性为原则，人民法院不能一并审理甲和乙之间的民事争议，而只能告知甲和乙另案起诉
B. 人民法院可以一并审理甲和乙之间的民事争议
C. 在行政诉讼尚未结案，甲或乙又就同一个民事争议提起民事诉讼的，受诉法院不应受理
D. 行政诉讼的被告是乡政府，允许乡政府对甲提起反诉

## 名词解释

1. 行政诉讼
2. 行政诉讼法律关系
3. 行政诉讼法律关系的客体
4. 行政诉讼标的
5. 不适用调解原则
6. 行政诉讼的辩论原则

## 简答题

1. 如何理解行政诉讼中的"起诉不停止执行原则"？
2. 为什么在行政诉讼中不适用调解原则？
3. 简述行政诉讼法律关系的主体。

## 论述题

试论我国行政诉讼与行政复议的关系。

# 第十六章　行政诉讼受案范围与管辖

## 基础知识图解

行政诉讼受案范围与管辖
- 行政诉讼受案范围
  - 行政诉讼受案范围的概念
  - 确定行政诉讼受案范围的依据与标准
  - 行政诉讼受案范围的设定方式
  - 行政诉讼受案范围的内容
- 行政诉讼管辖
  - 级别管辖
  - 地域管辖
  - 移送管辖
  - 指定管辖
  - 管辖异议

## 配套测试

### 单项选择题

**1.** 甲地天南公司将3辆汽车卖给乙地海北公司，海北公司将汽车运回期间受到乙地市场监管局查处。市场监管局以天南公司无进口汽车证明，海北公司无准运证从事非法销售运输为由，决定没收3辆汽车。天南公司不服该决定提起诉讼。本案受理法院的主要审查对象是（　　）。
   A. 3辆汽车的性质
   B. 天南公司销售行为的合法性
   C. 海北公司购买运输行为的合法性
   D. 市场监管局处罚决定的合法性

**2.** 刘某与某公司签订内销商品房预售合同，后某区房地产管理局对该预售合同作出预售预购备案登记。后刘某了解到某公司向其销售的房屋系超出规划面积和预售面积的超层部分，刘某遂以区房地产管理局违法办理备案登记，造成自己购买的房屋为违法建筑为由提起行政诉讼。下列哪一说法不正确？（　　）
   A. 区房地产管理局的备案登记行为不是对预售合同效力的确认行为
   B. 备案登记行为没有对刘某的权利义务产生实际影响，不属于人民法院行政诉讼的受案范围
   C. 某公司与本案的审理结果有利害关系，可以作为第三人参加诉讼
   D. 区房地产管理局在备案登记时没有尽到审查职责，应当对刘某的损失承担部分赔偿责任

**3.** 某市发布一个规范性文件，规定以投标的方式，将某块商业用地的使用权转让给出资的企业，以出资额的高低，决定中标者。甲企业和乙企业均出资投标，甲企业和乙企业的其他条件相同，但甲企业的出资额大大高于乙企业，但该市政府仍决定由乙企业开发这块商业用地。对此甲

企业可以提起行政诉讼的理由为（　　）。
　　A. 侵犯相邻权　　　　　　　　　　　B. 侵犯公平竞争权
　　C. 侵犯法律规定的经营自主权　　　　D. 违法要求履行义务

**4.** 一小区已建有 A 幼儿园，为满足需要，某区人民政府拟在该小区内再建一所幼儿园。张某和李某先后向某区人民政府提出申请，张某获批准。下列哪一种说法是正确的？（　　）
　　A. 某区人民政府必须在受理李某和张某的申请之日起 20 日内作出批准与否的决定
　　B. 某区人民政府按照张某和李某申请的先后顺序作出批准决定是不合法的
　　C. 李某有权对某区人民政府批准张某申请的行为提起行政诉讼
　　D. A 幼儿园有权对某区人民政府批准再建幼儿园的决定提起行政诉讼

**5.** 下列案件属于行政诉讼受案范围的是（　　）。
　　A. 人民政府对其工作人员的开除决定
　　B. 人民政府关于禁止燃放烟花爆竹的决定
　　C. 人民政府责令某企业停产治理环境污染的决定
　　D. 法律规定具有终局效力的行政行为

**6.** 潘某不服某卫生行政部门的行政处罚决定向法院提起诉讼。诉讼过程中，卫生行政部门撤销了原处罚决定，潘某遂向法院申请撤诉，法院作出准予撤诉的裁定。一周后，卫生行政部门又以同一事实和理由作出了与原处罚决定相同的决定。下列哪一种说法是正确的？（　　）
　　A. 潘某可以撤回撤诉申请，请求法院恢复诉讼，继续审理该案
　　B. 潘某可以对法院所作的准予撤诉裁定提出上诉
　　C. 潘某可以申请再审，请求法院撤销准予撤诉的裁定
　　D. 潘某可以对卫生行政部门新的处罚决定提起诉讼

**7.** 刘某开一家火锅店，生意火爆。但有人向市场监督管理局举报刘某在火锅中加入了罂粟果，市场监督管理局决定对此进行调查，刘某得知后，气得大病一场，住了 10 天医院，花了 1 万元医疗费，病愈后刘某打算起诉市场监督管理局。下列说法中正确的有（　　）。
　　A. 因市场监督管理局的调查行为导致刘某生病，造成了损害结果，故是可诉的
　　B. 因决定行为影响了刘某的名誉，是侵害人身权的具体行政行为，属于行政诉讼的受案范围
　　C. 市场监督管理局调查刘某的行为是尚未成熟的行为，因此是不可诉的，由其引发的争议不属于行政诉讼的受案范围
　　D. 因为即将进行的调查行为以及可能的处理行为均会损害到刘某的合法权益，如果等到损害发生，就会无法弥补，因此应允许刘某起诉市场监督管理局的决定行为，该案件属于行政诉讼的受案范围

**8.** "法律规定的行政终局裁决行为"中的"法律"应理解为（　　）。
　　A. 包括法律、法规以及规章
　　B. 全国人民代表大会制定或通过的规范性文件（狭义的法律）
　　C. 包括法律、行政法规和行政规章
　　D. 包括法律、地方性法规、自治条例、单行条例

**9.** 甲将乙殴打致轻微伤，乙要求白雪区公安局对甲进行处罚，白雪区公安局迟迟不予答复。下列说法中正确的是（　　）。
　　A. 白雪区公安局不予答复的行为属尚未成熟的行为，对乙尚未产生实际影响，因而不可诉
　　B. 白雪区公安局未对乙作任何行为，因此乙无法提起行政诉讼
　　C. 乙对该行为提起的行政诉讼属于行政诉讼的受案范围，因为这属于"申请行政机关履行保护人身权、财产权等合法权益的法定职责，行政机关拒绝履行或不予答复"的情形

D. 这种不作为的行政行为并不是具体行政行为，由它引起的争议不属于行政诉讼的受案范围

**10.** 某县公安局民警甲在一次治安检查中被乙打伤，公安局认定乙的行为构成妨碍公务，据此对乙处以200元罚款。甲认为该处罚决定过轻。下列哪种说法是正确的？（　　）

A. 对乙受到的处罚决定，甲既不能申请复议，也不能提起行政诉讼

B. 甲可以对乙提起民事诉讼

C. 对乙受到的处罚决定，甲可以申请复议但不能提起行政诉讼

D. 对乙受到的处罚决定，甲应当先申请复议，对复议决定不服可提起行政诉讼

**11.** 甲开了一家餐馆，生意很好。一日区市场监督管理局上门摊派费用被甲拒绝后，市场监督管理局就一日三次上门检查，故意刁难，甲的生意因此一落千丈。对于市场监督管理局的行为，下列说法中正确的是（　　）。

A. 是行政检查行为，因影响了甲的财产权，属于行政诉讼的受案范围，人民法院应予受理

B. 是行政检查行为。但由于《行政诉讼法》未明确地列举该类具体行政行为，是否可诉取决于其他法律、法规是不是有明确的规定

C. 因未对甲作出任何实体性的处理决定，是不可诉的未产生实际影响的行为

D. 检查是为了取得必要的行政管理信息的手段，人民法院不予受理

**12.** 吴某之子在部队因公牺牲，部队将《烈士证书》发给吴某。此后，吴某一直凭《烈士证书》领取抚恤金。后来，民政局换发《烈士证书》时，未将《烈士证书》发还给吴某。吴某遂向法院起诉。人民法院应当如何处理？（　　）

A. 予以受理　　　　　　　　　　B. 不予受理

C. 告知吴某向上级民政部门申请复议　　D. 告知吴某向其子所在部队申请解决

**13.** 对（　　）争议，不能提起行政诉讼。

A. 因限制人身自由等行政强制措施不服而引起的

B. 认为行政机关没有依法发给抚恤金的

C. 公务员因其工资、福利待遇或对所受行政处分不服的

D. 认为行政机关违法要求履行义务的

**14.** 农村土地承包人对行政机关处分其使用的农村集体所有的土地的行为不服的（　　）。

A. 只能提起民事诉讼　　　　　　B. 只能申请行政复议

C. 可以自己的名义提起行政诉讼　　D. 有权要求支付土地使用费

**15.** 某市市场监督管理局依据省人民政府制定的规章向刘某收取市场管理费，该行政规章与有关行政法规相抵触，刘某认为此收费行为依据就是错误的，收费行为自然也是错误的，遂向人民法院提起行政诉讼，刘某应当针对何种行为提起诉讼（　　）。

A. 省人民政府制定规章的行为

B. 市市场监督管理局向其收费的行为

C. 市市场监督管理局适用该行政规章的行为

D. 省人民政府制定行政规章的行为及市市场监督管理局向其收费的行为

**16.** 王某因不服区公安分局行政拘留10天的处罚申请复议，市公安局认为处罚过轻，遂改为行政拘留15天的处罚，王某以市公安局为被告提起行政诉讼。对王某的诉讼请求，法院应当如何处理？（　　）

A. 决定受理此案　　　　　　　　B. 要求原告将区公安分局列为共同被告

C. 要求原告将被告变更为区公安分局　　D. 以被告不适格为由裁定不予受理

**17.** 下列哪一选项属于法院行政诉讼的受案范围？（　　）

A. 张某对劳动争议仲裁裁决不服向法院起诉的

B. 某外国人对出入境边检机关实施遣送出境措施不服申请行政复议,对复议决定不服向法院起诉的
C. 财政局工作人员李某对定期考核为不称职不服向法院起诉的
D. 某企业对县政府解除与其签订的政府特许经营协议不服向法院起诉的

**18.** 黄某因涉嫌走私被郑州海关处以巨额罚款,他遂向(　　)申请复议,经复议减轻了原处罚,但黄某仍不服,向人民法院提起诉讼,此案可由(　　)管辖。
A. 河南省人民政府、郑州市中级人民法院
B. 海关总署、郑州市海关所在区基层人民法院
C. 河南省人民政府、郑州海关所在区基层人民法院
D. 海关总署、海关总署所在地中级人民法院

**19.** 下列案件属于行政诉讼法规定的专属管辖的是(　　)。
A. 因不动产提起的行政诉讼
B. 经过行政复议的案件,复议机关改变原具体行政行为的
C. 对限制人身自由的强制措施不服提起诉讼的
D. 重大涉外案件

**20.** 海关处理的案件由(　　)管辖。
A. 基层人民法院　　　　　　　　B. 中级人民法院
C. 高级人民法院　　　　　　　　D. 最高人民法院

**21.** 法律规定当事人不服行政机关的行政行为,可以向人民法院起诉,也可以申请复议并由复议机关作最终裁决的,如果当事人既提起诉讼又申请复议,且法院和复议机关同时收到有关材料的,应如何确定有管辖权的机关?(　　)
A. 由复议机关管辖
B. 由法院管辖
C. 由法院与复议机关协商确定管辖的机关
D. 由当事人选择管辖的机关

**22.** 居所地在甲区而户籍地在乙区的公民,被所在地为丙区的公安局收容审查。该公民对此不服而直接起诉于某法院(　　)。
A. 该法院必定是甲区人民法院
B. 该法院必定是乙区人民法院
C. 该法院必定是丙区人民法院
D. 该法院可能是甲、乙、丙三区法院中的任何一个法院

**23.** 所在地为甲区的城市规划管理机关,对所在地为乙区的工厂在丙区和丁区的两幢新楼房作出限期拆除的决定。工厂不服该决定而提起诉讼。该案应由(　　)。
A. 甲区人民法院管辖
B. 乙区人民法院管辖
C. 甲区人民法院和乙区人民法院共同管辖
D. 丙区人民法院和丁区人民法院共同管辖

**24.** 对经复议的案件提起诉讼的(　　)。
A. 只能由复议机关所在地的人民法院管辖
B. 只能由最初作出行政行为的行政机关所在地的法院管辖
C. 可以由原告所在地法院管辖
D. 可以由最初作出行政行为的行政机关所在地人民法院管辖,也可以由复议机关所在地人民

法院管辖

**25.** 甲、乙两村分别位于某市两县境内，因土地权属纠纷向市政府申请解决，市政府裁决争议土地属于甲村所有。乙村不服，向省政府申请复议，复议机关确认争议的土地属于乙村所有。甲村不服行政复议决定，提起行政诉讼。下列哪个法院对本案有管辖权？（　　）
    A. 争议土地所在地的基层人民法院　　B. 争议土地所在地的中级人民法院
    C. 市政府所在地的基层人民法院　　D. 省政府所在地的中级人民法院

## ☑ 多项选择题

**1.** 甲镇共有10家粮油商，镇政府为了保护地方经济，作出文件要求本地的粮油商不能经营外地食油，违者处1万元罚款。对该决定行为，下列说法中表述正确的有（　　）。
    A. 该决定行为影响的是这些粮油批发商的经营自主权，是可诉的具体行政行为
    B. 该行为只是以"罚款"这种方式使本地的粮油批发商不经营外地粮油，是不具强制力的行政指导行为，是不可诉的
    C. 决定作出后还会有人新加入粮油批发者的行列，因此决定行为具有反复适用性，是不可诉的抽象行政行为
    D. 该行为是针对特定对象作出的，因而是可诉的具体行政行为

**2.** 关于国家行为说法正确的有（　　）。
    A. 国家行为主要是指以国家名义实施的国防、外交等方面的行为
    B. 国家行为还包括经宪法和法律授权的国家机关宣布紧急状态、实施戒严和总动员等行为
    C. 国家行为的失误通常由有关领导人承担政治责任，而不纳入行政诉讼的轨道
    D. 并非所有与国防、外交有关的行为都是国家行为

**3.** 甲公司与乙公司签订建设工程施工合同，甲公司向乙公司支付工程保证金30万元。后由于情况发生变化，原合同约定的工程项目被取消，乙公司也无资金退还甲公司，甲公司向县公安局报案称被乙公司法定代表人王某诈骗30万元。公安机关立案后，将王某传唤到公安局，要求王某与甲公司签订还款协议书，并将扣押的乙公司和王某的财产移交给甲公司后将王某释放。下列哪些说法是正确的？（　　）
    A. 县公安局的行为有刑事诉讼法明确授权，依法不属于行政诉讼的受案范围
    B. 县公安局的行为属于以办理刑事案件为名插手经济纠纷，依法属于行政诉讼的受案范围
    C. 乙公司有权提起行政诉讼，请求确认县公安局行为违法并请求国家赔偿，法院应当受理
    D. 甲公司获得乙公司还款是基于两公司之间的债权债务关系，乙公司的还款行为有效

**4.** 下列案件属于行政诉讼受案范围的有（　　）。
    A. 某区房屋租赁管理办公室向甲公司颁发了房屋租赁许可证，乙公司以此证办理程序不合法为由要求该办公室撤销许可证被拒绝。后乙公司又致函该办公室要求撤销许可证，办公室作出"许可证有效，不予撤销"的书面答复。乙公司向法院起诉要求撤销书面答复
    B. 某区审计局对丙公司的法定代表人进行离任审计过程中，对丙、丁公司协议合作开发的某花园工程的财务收支情况进行了审计，后向丙、丁公司发出了丁公司应返还丙公司利润30万元的通知。丁公司对通知不服向法院提起诉讼
    C. 某市经济发展局根据A公司的申请，作出鉴于B公司自愿放弃其在某合营公司的股权，退出合营公司，恢复A公司在合营公司的股东地位的批复。B公司不服向法院提起诉讼
    D. 某菜市场为挂靠某行政机关的临时市场，没有产权证。某市某区市场监督管理局向在该市场内经营的50户工商户发出通知，称自通知之日起某菜市场由C公司经营，各工商户凭与该公司签订的租赁合同及个人资料申办经营许可证。50户工商户对通知不服向法院提

起诉讼

**5.** 行政法上的准行政行为通常包括（　　）。
A. 受理行为　　B. 通告行为　　C. 确认行为　　D. 证明行为

**6.** 下列属于限制人身自由的行政强制措施有（　　）。
A. 边检机关将某恶性传染病患者强制隔离
B. 人民法院对妨害行政诉讼活动的当事人作出拘留决定
C. 公安机关将体育场内带头闹事的球迷带离现场
D. 出入境管理机关限制某外国人出境

**7.** 某县人民政府为加强全县生猪屠宰场的管理，发布《关于生猪屠宰的管理规定》的文件，称将注销全县9家屠宰场的营业执照。甲于前年经县市场监管局核准登记并取得法人资格的屠宰场，也在被注销之列，其对县人民政府的行为不服，欲提起行政诉讼。下列说法中正确的有（　　）。
A. 县人民政府发布该文件的行为是针对特定的相对人，即9家屠宰场，具有直接执行力，是可诉的具体行政行为
B. 县人民政府的行为是侵犯特定相对人财产权的具体行政行为，因之引发的争议具有可诉性
C. 县人民政府发布该文件的行为虽然是针对特定的对象，但是具有反复适用性，是抽象行政行为，因之引发的争议不属于行政诉讼的受案范围
D. 县人民政府的行为不是针对特定对象作出的，因此属于抽象行政行为，不具可诉性

**8.** 下列哪些属于人民法院不受理的事项？（　　）
A. 法规规定由行政机关最终裁决的具体行政行为
B. 国家制定外交政策的行为
C. 行政机关对其工作人员的免职决定
D. 即时强制

**9.** 对于下列起诉，哪些不属于行政诉讼受案范围？（　　）
A. 某公司与县政府签订天然气特许经营协议，双方发生纠纷后该公司以县政府不依法履行协议向法院起诉
B. 生态环境局干部孙某对定期考核被定为不称职向法院起诉
C. 李某与房屋征收主管部门签订国有土地上的房屋征收补偿安置协议，后李某不履行协议，房屋征收主管部门向法院起诉
D. 县政府发布全县征地补偿安置标准的文件，村民万某以文件确定的补偿标准过低为由向法院起诉

**10.** 对限制人身自由强制措施不服提起行政诉讼，有管辖权的法院有（　　）。
A. 被告所在地人民法院　　　　B. 原告户籍所在地人民法院
C. 原告经常居住地人民法院　　D. 被限制人身自由地人民法院

**11.** 对管辖权异议说法正确的有（　　）。
A. 被告应当在接到起诉状副本之日起15日内提出
B. 管辖异议成立的，应裁定将案件移送有管辖权的人民法院
C. 异议不成立的，应裁定驳回
D. 对裁定驳回不服的，可以上诉

**12.** 以下哪些行政案件应该由中级人民法院管辖？（　　）
A. 社会影响重大的共同诉讼案件
B. 甲因不服海关对其的行政处罚而起诉的行政案件

C. 涉外行政案件

D. 涉及我国澳门特别行政区的行政案件

**13.** 行政诉讼中的移送管辖应当具备的条件有（　　）。

A. 移送的人民法院已经受理了案件

B. 移送的人民法院对案件没有管辖权

C. 已受理的案件不属于行政诉讼受案范围

D. 移送的人民法院只能向其上级人民法院移送

**14.** 关于行政诉讼管辖说法正确的有（　　）。

A. 行政诉讼管辖解决的是人民法院与其他国家机关之间处理行政案件的权限划分问题，解决的是外部分工问题

B. 中级人民法院管辖的第一审行政案件是根据级别管辖来划分的

C. 行政诉讼一般地域管辖是按照最初作出行政行为的行政机关的所在地为标准来确定行政案件的管辖法院

D. 行政诉讼规定的裁定管辖包括移送管辖、指定管辖和管辖权的转移等

**15.** 对拘留决定不服的案件，由（　　）人民法院管辖。

A. 原告所在地　　　B. 被告所在地　　　C. 拘留所所在地　　　D. 中级人民法院

**16.** 属于裁定管辖的有（　　）。

A. 移送管辖　　　B. 指定管辖　　　C. 专属管辖　　　D. 移转管辖

**17.** 行政诉讼的管辖可以解决以下问题（　　）。

A. 人民法院之间审判行政案件的权限与分工

B. 由哪个审判庭负责对行政案件的审理

C. 起诉人向哪一个人民法院起诉

D. 行政机关向哪一个人民法院申请执行其具体行政行为

**18.** 以下行政案件的选项中构成选择管辖的是（　　）。

A. 公民对限制人身自由的行政强制措施不服而起诉的行政案件

B. 经过复议但复议机关维持了原具体行政行为的行政案件

C. 公民对不作为不服而起诉的行政案件

D. 经过复议但复议机关撤销了原具体行政行为的案件

**19.** 下列选项中哪些既可以由复议机关所在地人民法院管辖，也可以由最初作出具体行为的行政机关所在地人民法院管辖？（　　）

A. 经复议而复议机关改变原具体行政行为所认定的主要事实的

B. 经复议而复议机关维持原具体行政行为的

C. 经复议而复议机关部分撤销原具体行政行为内容的

D. 经复议而复议机关撤销原具体行政行为决定的

**20.** 李某从田某处购得一辆轿车，但未办理过户手续。在一次查验过程中，某市公安局认定该车系走私车，予以没收。李某不服，向省公安厅申请复议，后者维持了没收决定。李某提起行政诉讼。下列哪一选项是正确的？（　　）

A. 省公安厅为本案的被告　　　　　　　　B. 田某不能成为本案的第三人

C. 市公安局所在地的法院对本案有管辖权　　D. 省公安厅所在地的法院对本案有管辖权

**21.** 甲县宋某到乙县访亲，因醉酒被乙县公安局扣留24小时。宋某认为乙县公安局的行为违法，提起行政诉讼。下列哪些说法是正确的？（　　）

A. 扣留宋某的行为为行政处罚　　　　　　B. 甲县法院对此案有管辖权

C. 乙县法院对此案有管辖权　　　　　　D. 宋某的亲戚为本案的第三人

22. 甲是某市市政府办公厅秘书长，一日在某娱乐场所嫖娼被区公安分局抓获。区公安分局根据《治安管理处罚法》的规定，给予甲 10 日拘留。市政府得知后，对甲处以记大过的行政处分。对区公安分局和市政府的行为，下列说法中正确的有（　　）。

A. 均是具体行政行为，均具可诉性
B. 市政府的行政处分是内部行为，由此引发的争议不属于行政诉讼的受案范围
C. 区公安分局的行为是行政处罚行为，由此引发的争议属于行政诉讼的受案范围
D. 两个行为均是行政机关对公务员作出的涉及其权利、义务的决定行为，皆为不可诉的内部行为

## 不定项选择题

**1.** 市林业局接到关于孙某毁林采矿的举报，遂致函当地县政府，要求调查。县政府召开专题会议形成会议纪要：由县林业局、矿产资源管理局与安监局负责调查处理。经调查并与孙某沟通，三部门形成处理意见：要求孙某合法开采，如发现有毁林或安全事故，将依法查处。再次接到举报后，三部门共同发出责令孙某立即停止违法开采，对被破坏的生态进行整治的通知。

请回答第（1）—（2）题。

（1）责令孙某立即停止违法开采的性质是（　　）。
A. 行政处罚
B. 行政强制措施
C. 行政征收
D. 行政强制执行

（2）就上述事件中的行为的属性及是否属于行政诉讼受案范围，下列说法正确的是（　　）。
A. 市林业局的致函不具有可诉性
B. 县政府的会议纪要具有可诉性
C. 三部门的处理意见是行政合同行为
D. 三部门的通知具有可诉性

**2.** 下列选项属于行政诉讼受案范围的是（　　）。
A. 方某在妻子失踪后向公安局报案要求立案侦查，遭拒绝后向法院起诉确认公安局的行为违法
B. 区房管局以王某不履行双方签订的房屋征收补偿协议为由向法院起诉
C. 某企业以市场监管局滥用行政权力限制竞争为由向法院起诉
D. 黄某不服市政府发布的征收土地补偿费标准直接向法院起诉

**3.** 杨某贵是甲省境县农民，听说富甲市乐善好施，遂赶到该市心美区，沿街乞讨。不巧正遇心美区公安分局整顿治安，杨某贵被送至设在该市星云区的救助站，在关了 12 天后被遣送回境县。

（1）如果杨某贵对心美区公安分局的行为不服起诉，下列法院中有管辖权的是（　　）。
A. 星云区人民法院，因其是杨某贵被限制人身自由地
B. 只有被告心美区公安分局所在地的心美区人民法院拥有管辖权
C. 境县人民法院，因其是杨某贵的户籍所在地
D. 心美区人民法院，因其是心美区公安分局所在地

（2）如果杨某贵向境县、心美区、星云区人民法院提起行政诉讼，假设该三家法院均有管辖权，则下列说法中正确的有（　　）。

A. 如果受诉法院之间就由谁管辖本案产生争议，应当报请共同上级法院指定
B. 应该由杨某贵限制人身自由地——星云区人民法院管辖，因为星云区是本案的最密切联系地
C. 应该按照一般地域管辖的原则，由心美区人民法院管辖此案
D. 原则上讲，哪个法院先立案，该案件就由哪个法院管辖

（3）杨某贵被遭送回原籍之后，受家人催促赴运好县做工。20天后以心美区公安分局为被告，向运好县人民法院提起行政诉讼。下列做法中正确的有（　　）。
A. 运好县人民法院是杨某贵经常居住地法院，因此对本案拥有管辖权
B. 运好县人民法院不应该受理此案，因为其不享有对该案的管辖权
C. 运好县人民法院如果受理杨某贵的起诉后发现自己没有管辖权，应当将该案件移送至有管辖权的人民法院，接受移送的人民法院不能再移送，只能受理该行政案件
D. 运好县人民法院如在受理后发现自己无管辖权，可以将该案件移送至境县人民法院。如果境县人民法院认为自己也没有管辖权，应与运好县人民法院协商解决，协商不成的，报请共同上级法院指定

**4.** 甲市发生一起特大交通事故，但肇事车辆逃逸。一日，乙市公安局发现，在该市跑运输的张某（户籍所在地为丙市）所开车辆与肇事车辆非常相像，遂将该车扣押，后将该车移交给甲市公安局。张某对乙市公安局的扣押行为不服，欲提起行政诉讼。下列哪个法院对此案有管辖权？（　　）
A. 乙市人民法院，因其是最初作出具体行政行为的行政机关所在地
B. 甲市人民法院，因其是汽车现在被扣押地
C. 丙市人民法院，因其是张某的户籍所在地
D. 上述法院对本案均有管辖权，张某可以选择其一提起诉讼

### 名词解释

1. 可诉性行政行为
2. 可诉性不作为
3. 终局行政裁决行为
4. 行政诉讼的对象
5. 行政诉讼管辖
6. 裁定管辖
7. 管辖权异议

### 简答题

1. 简述我国行政诉讼的受案范围。
2. 简述划分行政诉讼地域管辖应遵循的规则。
3. 简述划分行政诉讼级别管辖应遵循的规则。

### 论述题

1. 试论不可诉行为的范围。
2. 试论行政法上的准行政行为。
3. 什么是国家行为？《行政诉讼法》为什么排除当事人对国家行为提起行政诉讼？

**4.** 试论我国行政诉讼的裁定管辖。

## 案例分析题

**1.** 刘小刚系河南省洛阳市某区人，2018 年到广州市甲区打工，2020 年刘小刚被广州市乙区公安分局行政拘留 5 天。在拘留过程中，刘小刚因心脏病突发死亡。刘小刚的父亲对此不服，欲提起行政诉讼。

问：（1）本案是否属于行政诉讼受案范围？为什么？

（2）刘小刚的父亲有权提起行政诉讼吗？为什么？

（3）如果刘小刚的父亲能提起行政诉讼，可以向哪个法院提起？

**2.** 万某于某日参与流氓斗殴时将二人打成重伤，该县公安局以刑事案件立案侦查，万某为躲避追捕逃往外地。后公安局侦查人员了解到万某从外地潜回其表兄刘某家中，便到刘某处追查，却未发现。于是侦查人员在未办理有关手续的情况下，将刘某的运货用东风卡车一辆扣押，并告诉刘某必须将万某找到并送交公安局机关后才能发还车。刘某多次与公安局交涉要求返还被扣车辆，均遭拒绝。后万某在潜回家取日用品时被公安机关抓获，公安机关将万某拘留。请回答以下两个问题：

（1）公安机关扣押刘某车辆的行为是不是刑事侦查行为？因之引发的争议是否属于行政诉讼的受案范围？如果公安机关在手续完备，又有《刑事诉讼法》依据的情况下的扣押行为是否具有可诉性？

（2）万某如果不服公安机关拘留行为，能否提起行政诉讼？理由何在？

**3.** 某区公安分局在打击赌博违法活动时，抓获了经常参与赌博的人员陈某。经陈某交代，该区机械厂经理梁某也曾到他家参赌，公安机关遂派办案人到机械厂向梁某发《传唤证》，要求其于次日下午到区公安分局治安科接受讯问和受审。梁某以自己没有时间、没有任何违法行为为由拒绝在《传唤证》上签字，并声称自己要马上赶飞机到某市谈生意。公安人员遂用手铐将梁某带至区公安分局。经过讯问，区公安分局认为梁某虽参与赌博，但情节较轻，于是未对其进行行政处罚。请回答下列问题：

（1）如果公安分局处罚了梁某，向梁某发《传唤证》的行为是不是行政行为？梁某能否对之提起行政诉讼？

（2）公安分局的强制传唤行为是不是具体行政行为？梁某对之不服所提起的行政诉讼是否属于行政诉讼的受案范围？

**4.** 某县集体企业文华木器厂生产木制家具。该县人民政府为发展农业，命令该厂改生产农具。该厂对县政府命令不服，向地区中级人民法院提起行政诉讼。试析：

（1）文华木器厂对县政府上述决定能否起诉？为什么？

（2）该厂接到决定后 2 个月零 10 天才起诉，是否超过起诉期间？

（3）地区中院是否应受理该案？为什么？

**5.** 2021 年 3 月 23 日，乙县公安局接到报案，报案人赵某声称：他在 A 地购买了一批化肥，雇了司机万某运至 B 地，运输途中在某旅馆住宿。3 月 23 日早晨，赵某起床发现其所运货物不知所终，万某也不知去向。乙县公安局根据赵某提供的线索找到甲县的万某。2021 年 4 月 11 日，乙县公安局以万某涉嫌盗窃为由，将万某收容审查，同时将万某的货车扣押。4 月 27 日，乙县公安局又以追缴赔款为由向万某家属索取人民币 5000 元，同时将万某解除收容审查，但货车仍然扣押。万某对乙县公安局的处罚决定不服，向甲县人民法院提起行政诉讼。甲县人民法院受理该案后，通知乙县公安局应诉，乙县公安局提出管辖权异议，甲县人民法院经审查裁定予以驳回。

问：甲县人民法院对本案有无管辖权？

# 第十七章 行政诉讼参加人

## 基础知识图解

行政诉讼参加人
- 概述
  - 行政诉讼参加人的概念
  - 行政诉讼当事人的特征
- 行政诉讼原告
  - 含义及资格条件
  - 行政诉讼原告资格的转移、认定
- 行政诉讼被告
  - 含义及其条件
  - 一般情形及认定
- 行政诉讼的共同诉讼人：概念及种类
- 行政诉讼第三人：概念及种类
- 行政诉讼代理人
  - 概念及种类
  - 行政诉讼委托代理中的律师代理

## 配套测试

### 单项选择题

**1.** 某乡人民政府批准了小河村村民甲建房申请。但当甲开始建房时，乙发现甲占了应属自己的一部分宅基地，甲、乙两人遂发生争执，甲以自己有乡政府批准文件为由不予让步。乙对该批准行为是否享有原告资格？（　　）

A. 不享有。乙所受的侵害来自甲的建房行为，与之发生争执的也是甲，乙应以甲为被告提起民事诉讼而不能以乡政府为被告提起行政诉讼

B. 不享有。乡人民政府的批准行为不是针对乙作出的，乙不能针对该行为提起行政诉讼

C. 享有。乙是合法权益受到损害的相邻权人，可以提起行政诉讼

D. 享有。乙处于乡人民政府批准行为的相关人地位。其虽不是该行为的发动者，却受到该行为效力的影响

**2.** 根据《最高人民法院关于适用〈中华人民共和国行政诉讼法〉的解释》的规定，合伙企业向人民法院提起行政诉讼时的原告是（　　）。

A. 执行合伙事务的合伙人　　　　　　B. 核准登记的字号

C. 全体合伙人　　　　　　　　　　　D. 由合伙人推举产生的负责人

**3.** 某规划部门批准了甲的建房申请，但甲的房子被水利部门以违章建筑为由强行拆除，甲对水利部门的拆除决定不服向法院起诉。这时规划部门应是（　　）。

A. 共同被告　　　　　　　　　　　　B. 第三人

C. 原告　　　　　　　　　　　　　　D. 不能作为诉讼参与人

**4.** 行政机关的内设机构或者派出机构在没有法律、法规或者规章授权的情况下，以自己的名义作出具体行政行为，当事人不服提起诉讼的，被告应为（　　）。

A. 行政机关

B. 内设机构或者派出机构

C. 以行政机关和内设机构或者派出机构为共同被告

D. 以内设机构或派出机构为被告，行政机关为第三人

**5.** 对行政复议机关改变原具体行政行为的复议决定不服提起行政诉讼，被告是（　　）。

A. 原机关和复议机关　　　　　　　B. 复议机关

C. 复议机关的上级机关　　　　　　D. 原机关

**6.** 下列不属于行政诉讼当事人的是（　　）。

A. 原告　　　　B. 第三人　　　　C. 被告　　　　D. 委托代理人

**7.** 行政诉讼中，当事人、法定代理人可委托（　　）作为诉讼代理人。

A. 1—2人　　　B. 4人　　　　C. 3人　　　　D. 1—3人

**8.** 某市某区建委根据市政府总体规划，对某大街实施改造，刘某房屋位于改造区。某日，某区建委改造建设指挥部下达住房安置通知，刘某未搬迁。数日后，区建委工作人员带领50余人强行拆除了刘某房屋，刘某起诉，下列哪个选项是本案被告？（　　）

A. 市政府　　　　　　　　　　　　B. 某区政府

C. 某区建委　　　　　　　　　　　D. 某区建委改造建设指挥部

**9.** 行政诉讼中，被告无权（　　）。

A. 提出上诉　　　　　　　　　　　B. 自行向原告和证人收集证据

C. 作出停止执行原具体行政行为的决定　　D. 改变自己所作的具体行政行为

**10.** 某派出所以扰乱公共秩序为由扣押了高某的拖拉机。高某不服，以派出所为被告提起行政诉讼。诉讼中，法院认为被告应是县公安局，要求变更被告，高某不同意。法院下列哪种做法是正确的？（　　）

A. 以派出所为被告继续审理本案　　B. 以县公安局为被告审理本案

C. 裁定驳回起诉　　　　　　　　　D. 裁定终结诉讼

## 多项选择题

**1.** 以下哪些属于类似于原告地位的第三人？（　　）

A. 行政确权案件中的被确权人

B. 行政处罚案件中的受害人或被处罚人

C. 行政裁决案件中未起诉的共同被处罚人

D. 与行政复议决定有利害关系却未起诉的公民

**2.** 下列关于行政委托的说法中正确的有（　　）。

A. 受托者的行为一般视为委托者的行为，受托者一般不具有行政主体资格

B. 如果受托者实施的具体行政行为被诉，委托其行使职权的行政机关是被告

C. 行政机关在没有法律、法规或规章规定的情况下，授权其内设机构、派出机构或其他组织行使行政职权的，应视为委托，即行政委托可以在没有法律依据的情况下进行

D. 如果法律、法规或规章有授权的行政机关内设机构等组织，超出法定授权范围实施具体行政行为，被授权组织具备行政主体资格，应作被告

**3.** 下列关于具体行政行为相关人的表述正确的有（　　）。

A. 具体行政行为的发动人是相关人的一种
B. 相关人的存在是因为具体行政行为的复杂性
C. 相关人是相对人以外的受具体行政行为效力影响的人
D. 行政处罚案件中的受害人、建筑物建设许可中的相邻权人，相对于行政处罚行为及行政许可行为均是相关人

**4.** 河西县甜酱厂生产的奇香牌甜酱进入河东县市场后，因其物美价廉，销路特好。河东县当地的2家甜酱厂销售额因此受到严重影响。为保护地方经济，河东县政府向河东县范围以内所有的甜酱批发商、零售商下发文件，禁止销售外地甜酱，而当时在河东县市场上的甜酱也只有奇香牌这一种是外地货。下列说法中正确的有（     ）。

A. 河东县政府下发文件的行为是针对特定的对象作出的，是可诉的具体行政行为，河东县甜酱批发商、零售商可以县政府侵犯自己的经营自主权为由提起行政诉讼
B. 河西县甜酱厂是河东县政府文件的相关人，河东县政府的行为实际上侵犯了河西县甜酱厂的公平竞争权，河西县甜酱厂具有原告资格
C. 河西县甜酱厂的公平竞争权虽然受到了河东县政府文件的侵害，但因该行为是不可诉的抽象行政行为，因而河西县甜酱厂不具原告资格
D. 河西县甜酱厂因不是河东县政府文件的相对人，不享有对该行为的原告资格

**5.** 不具备法人资格的其他组织向人民法院提起行政诉讼（     ）。

A. 由该组织的主要负责人为法定代表人
B. 由该组织的主要负责人指定的人为法定代表人
C. 没有主要负责人的，可以由实际的负责人为法定代表人
D. 没有主要负责人时，由该组织的全体组成人员推选某个成员为法定代表人

**6.** 人民法院在行政诉讼第一审程序中，可以依职权变更被告。下列情形中哪些做法是正确的？（     ）

A. 无须征得原告同意，而直接变更被告
B. 征得原告的同意后，才能变更被告
C. 原告不同意变更被告的，人民法院不得变更被告，而继续审理案件
D. 原告不同意变更被告的，人民法院裁定驳回起诉

**7.** 行政诉讼中的第三人和民事诉讼中的第三人共同具备的特征是（     ）。

A. 可以本诉的原告和被告为共同被告而主张独立的请求
B. 可以由人民法院通知参加诉讼，也可以申请参加诉讼
C. 因为同双方当事人争议的标的有利害关系，而必然站在本诉的原告和被告的其中一方
D. 参加诉讼的目的是维护自己的合法权益

**8.** 下列关于行政诉讼上诉人说法不正确的有（     ）。

A. 普通共同诉讼中共同诉讼人一人上诉，其他当事人也被列为上诉人
B. 只有法律规定有上诉权的当事人才能提起上诉，所以第三人不能充当上诉人
C. 在必要的共同诉讼中，如果共同诉讼人的诉讼请求不同，其中一人上诉，其他人不能当然视为上诉人
D. 必要共同诉讼中，共同诉讼人的诉讼请求相同时，其中一人上诉，其他人是当然的上诉人

**9.** 行政诉讼中，原告可以是（     ）。

A. 具体行政行为直接指向的公民、法人或其他组织
B. 在行政法律关系中处于被管理地位的行政机关
C. 具有原告资格的公民死亡后，承受其权利的近亲属

D. 具有原告资格的组织终止，其权利义务承受者
E. 认为具体行政行为不合法的任何公民

**10.** 下列可成为行政诉讼案件第三人的有（　　）。
A. 张某因口角将邻居李某打伤，被处罚款200元，李某不服，经复议维持原处罚决定后，李某向法院起诉，张某可成为第三人
B. 两行政机关就同一事项作出相互矛盾的具体行政行为，现甲机关成为行政诉讼被告，则乙机关可为第三人
C. 甲、乙、丙三人因赌博被处罚款，现甲、乙提起行政诉讼，则丙为第三人
D. 某市妇联与市场监督管理局共同作出对出售伪劣妇女用品的某商场的处罚决定，现该商场提起诉讼并要求赔偿，如果商场不同意追加妇联为共同被告，则市妇联应为第三人

**11.** 市规划局批准房地产企业大力公司在一片旧居民区开发商品房，规划范围内的居民认为自己由于历史原因没有办理土地使用权证，但已经在该片土地上居住40年，规划局在大力公司尚未取得土地使用权证的情况下批准建房是违法的。如果居民不服提起诉讼，下列有关本案原告资格的说法，哪些是错误的？（　　）
A. 居民不是土地合法使用权人，不具备原告资格
B. 法院审查的对象是行政行为的合法性，居民权益是否合法不影响其享有原告资格
C. 规划行为是针对大力公司的，居民不是规划行为的相对人，故不具备原告资格
D. 居民在批准规划阶段不具备原告资格，一旦实施强制拆迁行为便享有原告资格

**12.** 关于具体行政行为的效力，下列哪些说法是正确的？（　　）
A. 可撤销的具体行政行为在被撤销之前，当事人应受其约束
B. 具体行政行为废止前给予当事人的利益，在该行为废止后应收回
C. 为某人设定专属权益的行政行为，如此人死亡其效力应终止
D. 对无效具体行政行为，任何人都可以向法院起诉主张其无效

## 不定项选择题

富康公司欲在阳光市教师公寓前修建一高20层的综合大楼。教师公寓的老师们认为规划图中的大楼建成后势必会影响教师公寓200多户老师家的正常通风与采光，遂要求市规划局不批准富康公司的申请，并要求富康公司另行择地。但市规划局认为富康公司的申请符合标准，批准了盖楼申请，并向其颁发了相关许可证。

（1）住在教师公寓的老师们对有关部门的批准行为是否享有原告资格？（　　）
A. 不享有。因尽管住在教师公寓的老师们处于相关人地位，但是批准行为还没有对他们的相邻权造成既存的损害，即这种损害是在将来发生的，因此批准行为与住在教师公寓的老师们之间无利害关系
B. 享有，因作为相关人，批准行为已经侵犯了其相邻权，尽管这种损害是大楼建成之后才发生，但是这种损害的发生是必然的，因而可以不必等到损害实际发生才起诉
C. 享有。但是只能等到大楼建成，损害实际发生以后才能起诉
D. 不享有。既然规划局认为盖楼申请符合标准，不会损害住在教师公寓的老师们的相邻权，老师们不能起诉

（2）如果只有两户居民提起了诉讼，其他相关人均未起诉，人民法院在受理之后是（　　）。
A. 有义务通知其他相关人以第三人身份参加诉讼，是否参加，取决于他们自己
B. 因为是必要共同诉讼，对于不愿以第三人身份参加诉讼的其他相关人应该强行列为第三人
C. 可以通知其他利害关系人以第三人身份参加诉讼

D. 因为是必要共同诉讼，因而应当强行追加其他相关人为共同原告

## 名词解释

1. 行政诉讼参加人
2. 行政诉讼的当事人
3. 行政诉讼的原告
4. 行政诉讼的被告
5. 共同诉讼
6. 行政诉讼的第三人

## 简答题

1. 简述行政诉讼过程中的第三人。
2. 简述行政诉讼中发生原告资格转移的几种情形。

## 论述题

行政诉讼的被告是如何认定的？

## 案例分析题

1. 阳光招待所多次发生卖淫嫖娼事件，市公安局向市市场监督管理局提出吊销该招待所营业执照的建议。市市场监督管理局市场管理科在接到建议后，即以自己的名义作出吊销阳光招待所营业执照的行政处罚决定。如果阳光招待所针对吊销营业执照的具体行政行为提起行政诉讼，应以谁为被告？

2. 某县卫生防疫站认为某饮食店销售的食品不符合卫生标准，决定对其罚款2000元。饮食店不服，依法向人民法院提起行政诉讼。卫生防疫站为避免败诉，告诉（知）原告若能撤诉，可以减少罚款数额。在原告表示同意后，将罚款数额改为200元。随后，原告向人民法院申请撤诉。

问题：

（1）属于事业单位的县卫生防疫站能否作为本案的被告？为什么？

（2）如果县卫生防疫站具备本案被告资格，人民法院应否准许原告的撤诉申请？为什么？

# 第十八章　行政诉讼证据

## 基础知识图解

行政诉讼证据
- 概述：概念及分类、法定证据种类
- 举证责任
  - 性质和构成
  - 分配和范围
  - 举证时限
- 证据规则
  - 提供证据的规则
  - 调取证据的规则
  - 出庭作证规则
  - 质证规则
  - 认证规则
- 证明标准：概述和设定
- 证据保全
  - 条件
  - 启动方式
  - 方法
  - 诉前证据保全

## 配套测试

### 单项选择题

**1.** 田某对某市房管局向李某核发房屋所有权证的行为不服，以自己是房屋所有权人为由请求法院判决撤销某市房管局的发证行为。田某向法院提交了房屋所有权证，李某向法院提交了该房屋买卖合同，某市房管局向法院提交了李某的房屋产权登记申请、契税完税证等证据。下列哪一说法是正确的？（　　）

A. 房屋所有权证、房屋买卖合同、房屋产权登记申请、契税完税证均系书证
B. 李某可以在一审庭审结束前向法院提交房屋买卖合同
C. 田某向法院提交其房屋所有权证是承担举证责任的表现
D. 法院在收到被告提交的证据后应当出具收据，加盖法院印章和经办人员印章

**2.** 依据行政诉讼的有关规定，下列哪一证据材料在原告不能自行收集，但能够提供确切线索时，可以申请人民法院调取？（　　）

A. 涉及公共利益的证据材料
B. 涉及个人隐私的证据材料
C. 涉及中止诉讼事项的证据材料
D. 涉及回避事项的证据材料

**3.** 关于行政诉讼证据，下列哪一说法是正确的？（　　）

A. 人民法院依职权调取的证据，应当在法庭出示，由当事人质证

B. 涉及商业秘密的证据，可以不公开质证

C. 第二审程序中，所有第一审认定的证据无须再质证

D. 生效的人民法院判决书认定的事实无须质证，可以作为定案的证据

**4.** 下列有关证据收集的说法中正确的是（　　）。

A. 在诉讼过程中，被告经人民法院同意可以向原告收集证据

B. 行政诉讼中被告提供的证据必须来自行政程序

C. 在诉讼过程中，被告不得向原告和证人收集证据

D. 在诉讼过程中，诉讼代理人可向有关证人收集证据

**5.** 行政诉讼中原告的举证期限是（　　）。

A. 一审庭审结束前

B. 人民法院指定的交换证据之日或一审庭审开始前

C. 法庭辩论终结前

D. 递交起诉状之日起 10 日内

**6.** 行政诉讼举证责任分担的基本原则是（　　）。

A. 被告负举证责任　　　　　　　　B. 原告负举证责任

C. 被告对作出的行政行为负举证责任　　D. 原告对作出的行政行为负举证责任

**7.** 在行政诉讼中，被告向人民法院举证的期限为（　　）。

A. 收到起诉状副本之日起 15 日内　　B. 第一审庭审结束前

C. 第二审之前　　　　　　　　　　D. 生效判决作出之前

**8.** 某区城管执法局以甲工厂的房屋建筑违法为由强行拆除，拆除行为被认定违法后，甲工厂要求某区城管执法局予以赔偿，遭到拒绝后向法院起诉。甲工厂除提供证据证明房屋损失外，还提供了甲工厂工人刘某与当地居民谢某的证言，以证明房屋被拆除时，房屋内有办公用品、机械设备未搬出，应予赔偿。某区城管执法局提交了甲工厂工人李某和执法人员张某的证言，以证明房屋内没有物品。下列哪一选项是正确的？（　　）

A. 法院不能因李某为甲工厂工人而不采信其证言

B. 法院收到甲工厂提交的证据材料，应当出具收据，由经办人员签名并加盖法院印章

C. 张某的证言优于谢某的证言

D. 在庭审过程中，甲工厂要求刘某出庭作证，法院应不予准许

**9.** 李某和钱某参加省教育委员会组织的"省中小学教师自学考试"。后省教委以"通报"形式，对李某、钱某等 4 名作弊考生进行了处理，并通知当次考试各科成绩作废，3 年之内不准报考。李某、钱某等均得知该通报内容。李某向省政府递交了行政复议申请书，省政府未予答复。李某诉至法院。下列哪一选项是错误的？（　　）

A. 法院应当受理李某对通报不服提起的诉讼

B. 李某对省教育委员会提起诉讼后，法院可以通知钱某作为第三人参加诉讼

C. 法院应当受理李某对省政府不予答复行为提起的诉讼

D. 钱某在诉讼程序中提供的、被告在行政程序中未作为处理依据的证据可以作为认定被诉处理决定合法的依据

**10.** 关于行政诉讼中的证据保全申请，下列哪一选项是正确的？（　　）

A. 应当在第一次开庭前以书面形式提出　　B. 应当在举证期限届满前以书面形式提出

C. 应当在举证期限届满前以口头形式提出　　D. 应当在第一次开庭前以口头形式提出

11. 关于在行政诉讼中法庭对证据的审查，下列哪一说法是正确的？（　　）
A. 从证据形成的原因方面审查证据的合法性
B. 从证人与当事人是否具有利害关系方面审查证据的关联性
C. 从发现证据时的客观环境审查证据的真实性
D. 从复制件与原件是否相符审查证据的合法性

## 多项选择题

1. 以下哪些事实属于人民法院在审理某个行政案件中可能需要查明的事实？（　　）
A. 未载于行政机关的卷宗之中，但确实是行政机关遗漏的事实
B. 原告是否重复起诉
C. 某一行政行为是否需要废止
D. 行政机关所认定的事实

2. 行政诉讼中被告对其作出的具体行为负有举证责任，应当提供（　　）。
A. 作出该具体行政行为的证据
B. 所依据的规范性文件
C. 行政机关及其公务员违法与不当的证据
D. 答辩状

3. 下列事项属于原告举证责任范围的是（　　）。
A. 在一并提起的行政赔偿诉讼中，证明因受被诉行为侵害而造成损害的事实
B. 证明起诉未超过法定期限
C. 在起诉行政机关不作为的案件中，证明提出申请的事实
D. 证明起诉符合法定条件

4. 下列说法正确的有（　　）。
A. 行政诉讼中的定案证据都必须经法庭开庭质证
B. 复议机关在复议过程中收集和补充的证据不能作为人民法院认定原具体行政行为合法的根据
C. 被告在行政程序中非法剥夺公民、法人或者其他组织依法享有的陈述、申辩或者听证权利所采用的证据，不能作为认定被诉具体行政行为合法的依据
D. 被告及其诉讼代理人在作出具体行政行为后收集的证据，不能作为证明具体行政行为合法的证据

5. 下列说法中正确的有（　　）。
A. 行政诉讼证据种类广泛，包括了其他诉讼证据中所不具有的现场笔录与其他规范性文件
B. 行政诉讼证据中不包含其他规范性文件，但规范性文件在行政诉讼中同样具有证明作用
C. 行政诉讼证据主要来源于行政程序中，并且主要由被告行政机关来承担
D. 行政诉讼中被告对具体行政行为的合法性承担举证责任，原告只在特定情况下承担对特定事项的举证责任

6. 下列说法正确的有（　　）。
A. 被告及其代理人在行政诉讼过程中不得向原告或者第三人调查、收集证据
B. 被告严重违反法定程序收集的证据不能作为被诉具体行政行为合法的根据
C. 被告应当在收到起诉状副本之日起10日内提交答辩状，并提供作出具体行政行为的证据、依据
D. 被告在二审过程中向法庭提交在一审过程中没有提交的证据，法院不予采用

**7.** 县烟草专卖局发现刘某销售某品牌外国香烟，执法人员表明了自己的身份，并制作了现场笔录。因刘某拒绝签名，随行电视台记者张某作为见证人在笔录上签名，该局当场制作《行政处罚决定书》，没收15条外国香烟。刘某不服该决定，提起行政诉讼。诉讼中，县烟草专卖局向法院提交了现场笔录、县电视台拍摄的现场录像、张某的证词。下列哪些选项是正确的？（　　）

　　A. 现场录像应当提供原始载体
　　B. 张某的证词有张某的签字后，即可作为证人证言使用
　　C. 现场笔录必须有执法人员和刘某的签名
　　D. 法院收到县烟草专卖局提供的证据应当出具收据，由经办人员签名或盖章

**8.** 许某与汤某系夫妻，婚后许某精神失常。二人提出离婚，某县民政局准予离婚。许某之兄认为许某为无民事行为能力人，县民政局准予离婚行为违法，遂提起行政诉讼。县民政局向法院提交了县医院对许某作出的间歇性精神病的鉴定结论。许某之兄申请法院重新进行鉴定。下列哪些选项是正确的？（　　）

　　A. 原告需对县民政局准予离婚行为违法承担举证责任
　　B. 鉴定结论应有鉴定人的签名和鉴定部门的盖章
　　C. 当事人申请法院重新鉴定可以口头提出
　　D. 当事人申请法院重新鉴定应当在举证期限内提出

**9.** 市城管执法局委托镇政府负责对一风景区域进行城管执法。镇政府接到举报并经现场勘验，认定刘某擅自建房并组织强制拆除。刘某父亲和嫂子称房屋系二人共建，拆除行为侵犯合法权益，向法院起诉，法院予以受理。关于此案，下列哪些说法是正确的？（　　）

　　A. 此案的被告是镇政府
　　B. 刘某父亲和嫂子应当提供证据证明房屋为二人共建或与拆除行为有利害关系
　　C. 如法院对拆除房屋进行现场勘验，应当邀请当地基层组织或当事人所在单位派人参加
　　D. 被告应当提供证据和依据证明有拆除房屋的决定权和强制执行的权力

**10.** 梁某酒后将邻居张某家的门、窗等物品砸坏。县公安局接警后，对现场进行拍照、制作现场笔录，并请县价格认证中心作价格鉴定意见，对梁某作出行政拘留8日处罚。梁某向法院起诉，县公安局向法院提交照片、现场笔录和鉴定意见。下列哪些说法是正确的？（　　）

　　A. 照片为书证
　　B. 县公安局提交的现场笔录无当事人签名的，不具有法律效力
　　C. 县公安局提交的鉴定意见应有县价格认证中心的盖章和鉴定人的签名
　　D. 梁某对现场笔录的合法性有异议的，可要求县公安局的相关执法人员作为证人出庭作证

### 不定项选择题

**1.** 某县公安局以郭某因邻里纠纷殴打并致邱某轻微伤为由，对郭某作出拘留10天的处罚。郭某向法院提起诉讼。某县公安局向法院提交了处罚的主要证据，华某和邱某舅舅叶某二人的证言及该县中心医院出具的邱某的伤情证明。下列说法正确的是（　　）。

　　A. 华某的证言的证明效力优于叶某的证言
　　B. 某县公安局申请华某出庭作证，应当在开庭前提出
　　C. 若华某、叶某二人的证言相互矛盾，法庭应判决撤销某县公安局的处罚决定
　　D. 若一审法庭未通知邱某参加诉讼，二审法院应将案件发回重审

**2.** 某药厂以本厂过期药品作为主原料，更改生产日期和批号生产出售。甲市乙县药监局以该厂违反《药品管理法》第49条第1款关于违法生产药品规定，决定没收药品并处罚款20万元。药厂不服向县政府申请复议，县政府依《药品管理法》第49条第3款关于生产劣药行为的规定，

决定维持处罚决定。药厂起诉。关于本案的举证与审理裁判，下列说法正确的有：（　　）
  A. 法院应对被诉行政行为和药厂的行为是否合法一并审理和裁判
  B. 药厂提供的证明被诉行政行为违法的证据不成立的，不能免除被告对被诉行政行为合法性的举证责任
  C. 如在本案庭审过程中，药厂要求证人出庭作证的，法院不予准许
  D. 法院对本案的裁判，应当以证据证明的案件事实为依据

3. 经夏某申请，某县社保局作出认定，夏某晚上下班途中驾驶摩托车与行人发生交通事故受重伤，属于工伤。夏某供职的公司认为其发生交通事故系醉酒所致，向法院起诉要求撤销认定。某县社保局向法院提交了公安局交警大队交通事故认定书、夏某住院的病案和夏某同事孙某的证言。下列说法正确的是：（　　）
  A. 夏某为本案的第三人
  B. 某县社保局提供的证据均系书证
  C. 法院对夏某住院的病案是否为原件的审查，系对证据真实性的审查
  D. 如有证据证明交通事故确系夏某醉酒所致，法院应判决撤销某县社保局的认定

## 名词解释

1. 行政诉讼的证据
2. 直接证据
3. 派生证据
4. 行政诉讼的证明对象
5. 行政诉讼的举证责任
6. 证据保全

## 简答题

1. 试比较行政诉讼举证制度与民事诉讼举证制度的不同。
2. 简述在行政诉讼中由被诉行政主体一方负举证责任的意义。
3. 简述原告在行政诉讼中承担举证责任的事项。

## 论述题

试论述我国行政诉讼的证明标准。

# 第十九章 行政诉讼程序

## 基础知识图解

行政诉讼程序
- 诉与诉权
  - 诉的概念、种类
  - 诉的合并和分离
  - 诉权
- 起诉和受理
  - 起诉、法院的审查
  - 受理
  - 起诉与受理的法律意义
- 一审程序
  - 审理前的准备
  - 开庭审理
  - 共同诉讼、撤诉、缺席判决、财产保全与先予执行
- 二审程序
  - 上诉的提起
  - 对上诉的受理
  - 二审审理
- 审判监督程序
  - 提起
  - 再审程序
- 诉讼中止、诉讼终结与期间、送达
  - 诉讼中止
  - 诉讼终结
  - 期间与期日
  - 送达

## 配套测试

### 单项选择题

**1.** 如果当事人申请复议后又向法院起诉的，只要因复议机关逾期不作决定，诉讼是在复议期满之日起 15 天内提出的，人民法院（　　）受理。

A. 必须　　　　B. 应当　　　　C. 可以　　　　D. 不能

**2.** 人民法院审判行政案件的具体组织形式是（　　）。

A. 行政审判庭　　B. 合议庭　　C. 独任法官　　D. 审判委员会

**3.** 法律、法规未规定行政复议是行政诉讼的必经程序的，公民、法人或其他组织既提起诉讼又申请复议的，应如何处理？（　　）

A. 由复议机关先行受理，因为先复议后诉讼是处理复议与诉讼关系的原则
B. 由法院先受理，因为处理复议与诉讼的关系应遵循司法最终解决原则
C. 由最先受理的机关管辖
D. 由复议机关与法院协商解决

**4.** 行政相对人在起诉书中指控的被告为行政机关工作人员时，受诉人民法院应（　　）。
A. 应予受理，因为最终明确被告是法院的职责，法院可要求起诉人补正
B. 不予受理，因为起诉不满足有明确的被告的要求
C. 应予受理，因为指明行政机关工作人员就已满足起诉有明确被告的要求
D. 不予受理，因为行政诉讼的被告只能是行政主体，而不能是行政机关工作人员

**5.** 下列说法中正确的是（　　）。
A. 被诉具体行政行为合法与否在其他生效的刑事、民事、行政判决中已被确认，当事人再提起行政诉讼的，人民法院都应当受理，人民法院应给当事人提供再次获得司法救济的机会
B. 如果被诉具体行政行为合法与否在其他生效的刑事、民事、行政判决中已被确认，当事人再提起行政诉讼的，人民法院不予受理
C. 被诉具体行政行为合法与否只有在其他生效的民事、行政判决中已被确认，当事人再提起行政诉讼的，人民法院才不予受理
D. 被诉具体行政行为合法与否只有在其他生效的行政判决中已被确认，当事人再提起行政诉讼的，人民法院才不予受理

**6.** 行政相对人提起行政诉讼必须"有具体的诉讼请求与事实根据"中的"事实根据"的含义是（　　）。
A. 行政相对人必须提供行政处理决定书等能够证明具体行政行为的法律文书
B. 行政相对人必须提供能够证明具体行政行为违法的事实根据与法律依据
C. 行政相对人必须能够提供证明具体行政行为违法的事实证据
D. 行政相对人只要能够提供证明具体行政行为存在即满足要求

**7.** 下列说法中正确的是（　　）。
A. 行政诉讼中起诉状副本送达被告后，法庭辩论终结前，原告提出新的诉讼请求或变更原诉讼请求的，人民法院都应予准许
B. 行政诉讼中起诉状副本送达被告后，原告提出新的诉讼请求的，人民法院不予准许，但有正当理由的除外
C. 行政诉讼中起诉状副本送达被告后，原告不可以提出新的诉讼请求，但变更原诉讼请求的，人民法院应予准许
D. 行政诉讼中起诉状副本送达被告后，法庭辩论终结前，原告提出新的诉讼请求的，人民法院应予准许

**8.** 下列说法正确的是（　　）。
A. 在诉讼过程中，被告人认为原告仍有其他违法行为并对其作出处理，原告不服向同一人民法院起诉的，人民法院应当合并审理
B. 在诉讼过程中，被告改变原具体行政行为，原告不同意撤诉，同时对改变后的具体行政行为亦不服向人民法院起诉的，人民法院可以合并审理
C. 两个以上行政机关分别依据不同的法律、法规对同一事实作出具体行政行为，公民、法人或者其他组织不服向同一人民法院起诉的，人民法院应当合并审理
D. 行政机关就同一事实对若干公民、法人或其他组织分别作出具体行政行为，公民、法人或者其他组织不服向同一人民法院起诉的，人民法院应当合并审理

**9.** 区市场监督管理局以涉嫌虚假宣传为由扣押了王某财产，王某不服诉至法院。在此案的审理过程中，法院发现王某涉嫌受贿犯罪需追究刑事责任。法院的下列哪种做法是正确的？（　　）

A. 终止案件审理，将有关材料移送有管辖权的司法机关处理

B. 继续审理，待案件审理终结后，将有关材料移送有管辖权的司法机关处理

C. 中止案件审理，将有关材料移送有管辖权的司法机关处理，待刑事诉讼程序终结后，恢复案件审理

D. 继续审理，将有关材料移送有管辖权的司法机关处理

**10.** 下列不属于中止诉讼的情形是（　　）。

A. 案件的审理以其他相关刑事、民事或者其他行政案件的审理结果为依据，而相关案件尚未审结的

B. 作为一方当事人的行政机关、法人或其他组织终止，尚未确定权利义务承受人的

C. 原告死亡，没有近亲属或者近亲属放弃诉讼权利的

D. 案件涉及法律适用问题，须送请有权机关作出解释或确认的

**11.** 下列属于终结诉讼情形的是（　　）。

A. 作为一方当事人的行政机关终止的

B. 原告丧失诉讼行为能力，中止诉讼满90天仍未确定法定代理人的

C. 原告在诉讼过程中死亡的

D. 案件的审理应以相关民事、刑事或者其他行政案件的审理结果为依据，而相关案件尚未审结的

**12.** 人民法院对于下列哪种案件，根据当事人申请，可以书面裁定先予执行？（　　）

A. 要求行政机关依法赔偿损失　　　　B. 要求行政机关依法返还罚款

C. 要求行政机关依法发放抚恤金　　　D. 要求行政机关依法解除收容审查

**13.** 吴某向人民法院提起行政诉讼，法院以向上级请示为由一直未予任何答复，吴某应当如何处理？（　　）

A. 可以向上一级人民法院起诉　　　　B. 可以向上一级人民法院上诉

C. 可以向上一级人民检察院申诉　　　D. 可以请求同级人民检察院抗诉

**14.** 下列关于行政诉讼二审审查内容的说法正确的是（　　）。

A. 行政诉讼二审既审查被诉具体行政行为的合法性，又审查一审裁判，且不受当事人上诉范围的限制

B. 行政诉讼二审的审查范围受当事人上诉范围的限制

C. 行政诉讼二审只审查一审裁判，原则上不涉及被诉具体行政行为的合法性

D. 行政诉讼二审只审查被诉具体行政行为的合法性

**15.** 下列说法中正确的是（　　）。

A. 二审中行政机关不能改变原具体行政行为

B. 二审中行政机关原则上不能改变原具体行政行为，但有正当理由的除外

C. 二审中行政机关原则上不能改变原具体行政行为，但对方当事人同意申请撤回上诉法院准许的除外

D. 二审中行政机关可以改变具体行政行为，只要通知法院即可

**16.** 下列说法中正确的是（　　）。

A. 行政诉讼二审实行书面审理

B. 行政诉讼二审实行开庭审理

C. 行政诉讼二审事实清楚的可以实行书面审理，但事实不清、证据不足的开庭审理

D. 行政诉讼二审原则上实行开庭审理，经过阅卷、调查和询问当事人，对没有提出新的事实、证据或者理由，合议庭认为不需要开庭审理的，也可以不开庭审理

**17.** 行政诉讼中，起诉状副本送达被告后，下列关于行政诉讼程序的哪种说法是正确的？（　　）

　　A. 原告可以提出新的诉讼请求，但变更原诉讼请求的，法院不予准许
　　B. 法庭辩论终结前，原告提出新的诉讼请求的，法院应予准许
　　C. 法庭辩论终结前，原告提出新的诉讼请求或变更原诉讼请求的，法院应予准许
　　D. 原告提出新的诉讼请求的，法院不予准许，但有正当理由的除外

**18.** 甲有乙、丙两子。甲与乙曾订立赡养协议，并将自己的10棵荔枝树全部给乙。县政府向乙颁发了10棵荔枝树的林权证。甲去世后，丙认为自己的继承权受到侵犯，要求镇政府处理。镇政府重新分割了荔枝树，还派员将荔枝果摘下来变卖，保存价款3000元，烂果400斤交由乙处理。乙不服，向法院提起行政诉讼。下列哪一选项是错误的？（　　）

　　A. 诉讼过程中，县政府颁发给乙的林权证仍然有效
　　B. 如果乙撤诉后，以同一事实和理由重新起诉的，法院不予受理
　　C. 法院将起诉状副本送达被告后，乙提出被告应赔偿荔枝烂果损失的诉讼请求，法院应予准许
　　D. 镇政府变卖荔枝果并保存价款的行为没有法律依据

## ☑ 多项选择题

**1.** 行政诉讼中原告申请撤诉的条件是（　　）。
　　A. 申请撤诉必须是原告自愿的
　　B. 必须是因为被告改变了被诉的具体行政行为
　　C. 必须符合法律规定，不得侵犯国家集体或者他人的合法权益
　　D. 必须在人民法院宣判前提出

**2.** 王某因不服市场监督管理局的责令停业处罚向人民法院提起诉讼。经审查，某市场监督管理局干部李某违法违纪，挟私报复而对王某作出处罚决定，则人民法院应当（　　）。
　　A. 直接处理李某
　　B. 将材料移交市场监督管理局或者其上一级行政机关
　　C. 将材料移交检察机关
　　D. 将材料移交有关监察机关

**3.** 根据《行政诉讼法》的规定，公民、法人或其他组织提起行政诉讼必须具备的条件有（　　）。
　　A. 必须是符合《行政诉讼法》第25条规定的公民、法人或其他组织
　　B. 必须有明确的被告
　　C. 必须有具体的诉讼请求和事实根据
　　D. 起诉的案件属于人民法院受案范围和受诉人民法院管辖

**4.** 下列说法中正确的有（　　）。
　　A. 原告申请撤诉经人民法院准许后又起诉的，人民法院应予受理
　　B. 原告或上诉人申请撤诉，人民法院裁定不予准许的，原告或上诉人经合法传唤无正当理由拒不到庭或者未经法庭许可中途退庭的，人民法院可以缺席判决
　　C. 被告改变原具体行政行为，原告申请撤诉，人民法院不予准许的，原告与被告经合法传唤，原告无正当理由拒不到庭的，人民法院可以缺席判决

D. 原告或者上诉人经合法传唤，无正当理由拒不到庭或者未经法庭许可中途退庭可以按撤诉处理

**5.** 行政诉讼中的财产保全与非诉行政案件执行前的财产保全的区别有（　　）。

A. 申请人不同

B. 申请财产保全的原因不同

C. 前者分为人民法院依申请和依职权这两种形式采取财产保全措施，后者只能是人民法院依申请采取财产保全措施

D. 前者申请人可以不提供担保，后者申请人必须提供担保

**6.** 下列属于中止审理的情形的是（　　）。

A. 案件证据不足，须传唤新的证人到庭或继续调查、取证的

B. 案件涉及法律适用问题需送请有权机关作出解释的

C. 原告死亡，须等待其近亲属表明是否参加诉讼的

D. 一方当事人因不可抗力的事由不能参加诉讼的

**7.** 下列说法中正确的有（　　）。

A. 法律、法规规定行政复议为提起行政诉讼的必经程序，公民、法人或者其他组织既提起诉讼又申请复议的，由先受理的机关管辖

B. 公民、法人或者其他组织已经申请复议，在法定复议期间又向法院起诉的，法院不予受理

C. 法律、法规规定行政复议为提起行政诉讼的必经程序，公民、法人或者其他组织未经复议直接向法院提起行政诉讼的，法院不予受理

D. 法律、法规未规定行政复议为提起行政诉讼的必经程序，公民、法人或者其他组织向复议机关申请复议后，又经复议机关同意撤回复议申请的，在法定期限内对原具体行政行为提起诉讼的，法院应当受理

**8.** 在复议机关不受理复议申请或在法定复议期间内不作复议决定的情形下，下列说法中正确的有（　　）。

A. 如果法律、法规未规定复议是诉讼的必经程序的，公民、法人或其他组织可以直接向法院起诉，可以起诉复议机关不履行法定职责

B. 如果法律、法规未规定复议是诉讼的必经程序的，公民、法人或其他组织可以向法院起诉，但只能请求法院判令履行法定职责，而不能要求法院直接审理原具体行政行为

C. 如果法律、法规未规定复议是诉讼的必经程序的，公民、法人或其他组织可以直接向法院起诉，可以起诉原具体行政行为

D. 如果法律、法规未规定复议是诉讼的必经程序的，公民、法人或其他组织只能向复议机关的上级机关申诉，而不能直接向法院起诉

**9.** 下列哪些选项属于人民法院不能裁定驳回起诉的情形？（　　）

A. 起诉人所起诉的具体行政行为合法与否已在其他生效的民事判决中被确认

B. 原告因未按规定缴纳案件受理费而按撤诉处理的，在法定起诉期间内又起诉的

C. 规章规定行政复议为提起诉讼的必经程序，当事人未经复议直接向人民法院提起诉讼的

D. 当事人在行政机关作出具体行政行为时不知道具体行政行为的内容，从具体行政行为作出之日起 5 年内提起行政诉讼的

**10.** 下列关于行政诉讼起诉期限的说法正确的是（　　）。

A. 复议机关逾期不作决定的，申请人可以在复议期满之日起 60 日内向人民法院提起诉讼

B. 公民、法人或其他组织直接向人民法院提起诉讼的，应当自知道或者应当知道作出行政行为之日起 6 个月内提出

C. 如果单行法律规定的起诉期限与《行政诉讼法》所规定的起诉期限不同时，应适用单行法律的有关规定

D. 公民、法人或其他组织不知道行政机关作出的具体行政行为的，其起诉期限从知道或应当知道该具体行政行为之日计算，但除涉及不动产的具体行政行为外，其他具体行政行为从作出之日起超过5年提起诉讼的，人民法院不予受理

**11.** 行政诉讼过程中，在哪些情形下，人民法院可以按照撤诉处理？（　　）

A. 原告经合法传唤无正当理由拒不到庭的

B. 上诉人认为法院偏袒被告未经法庭许可中途退庭的

C. 原告申请撤诉，法院裁定不予准许，经合法传唤拒不到庭的

D. 被告改变原具体行政行为，原告不撤诉的

**12.** 行政诉讼中，当事人对裁定可以提起上诉的情形有（　　）。

A. 起诉不予受理的裁定　　　　　　B. 不准许撤诉的裁定

C. 中止或终结诉讼的裁定　　　　　　D. 驳回起诉的裁定

**13.** 下列选项中属于引起审判监督程序的原因的有（　　）。

A. 原判决、裁定认定事实的主要证据不足

B. 原判决、裁定适用法律、法规确有错误

C. 原判决、裁定违反法定程序可能影响公正审判

D. 有新的证据足以推翻原判决、裁定的

**14.** 段某拥有两块山场的山林权证。林改期间，王某认为该山场是自家的土改山，要求段某返还。经村委会协调，段某同意把部分山场给予王某，并签订了协议。事后，段某反悔，对协议提出异议。王某请镇政府调处，镇政府依王某提交的协议书复印件，向王某发放了山林权证。段某不服，向县政府申请复议，在县政府作出维持决定后向法院起诉。下列哪些选项是正确的？（　　）

A. 对镇政府的行为，段某不能直接向法院提起行政诉讼

B. 县政府为本案第三人

C. 如当事人未能提供协议书原件，法院不能以协议书复印件单独作为定案依据

D. 如段某与王某在诉讼中达成新的协议，可视为本案被诉具体行政行为发生改变

**15.** 交警大队以方某闯红灯为由当场处以50元罚款，方某不服起诉。法院适用简易程序审理。关于简易程序，下列哪些说法是正确的？（　　）

A. 由审判员一人独任审理

B. 法院应在立案之日起30日内审结，有特殊情况需延长的经批准可延长

C. 法院在审理过程中发现不宜适用简易程序的，裁定转为普通程序

D. 对适用简易程序作出的判决，当事人不得提出上诉

**16.** 甲、乙两村因土地使用权发生争议，县政府裁决使用权归甲村。乙村不服向法院起诉撤销县政府的裁决，并请求法院判定使用权归乙村。关于乙村提出的土地使用权归属请求，下列哪些说法是正确的？（　　）

A. 除非有正当理由的，乙村应于第一审开庭审理前提出

B. 法院作出不予准许决定的，乙村可申请复议一次

C. 法院应单独立案

D. 法院应另行组成合议庭审理

**17.** 关于行政诉讼简易程序，下列哪些说法是正确的？（　　）

A. 对第一审行政案件，当事人各方同意适用简易程序的，可以适用

B. 案件涉及款额2000元以下的发回重审案件和上诉案件，应适用简易程序审理

C. 适用简易程序审理的行政案件，由审判员一人独任审理
D. 适用简易程序审理的行政案件，应当庭宣判

**18.** 县政府征用某公司名下的酒店作为急性传染性病毒密切接触者的隔离酒店，某公司不服，申请行政复议。市政府认为某公司的复议申请超过了法定期限，不予受理。某公司不服，提起行政诉讼，下列选项哪些是准确的？（　　　）
A. 某公司不服征用决定提起行政诉讼的，被告是县政府
B. 本案为复议前置案件，某公司对征用决定不服提起行政诉讼的，法院不予立案
C. 本案县政府和市政府为共同被告
D. 当事人各方同意适用简易程序的，法院可以适用简易程序审理

## 不定项选择题

**1.** 某公司提起行政诉讼，要求撤销区教育局作出的《关于不同意申办花蕾幼儿园的批复》，并要求法院判令该局在20日内向花蕾幼儿园颁发独立的《办学许可证》。一审法院经审理后作出确认区教育局批复违法的判决，但未就颁发《办学许可证》的诉讼请求作出判决。该公司不服一审判决，提起上诉。下列说法正确的是：（　　　）。
A. 二审法院应当裁定撤销一审判决
B. 二审法院应当维持一审判决
C. 二审法院可以裁定发回一审法院重审
D. 二审法院应当裁定发回一审法院重审，一审法院应当另行组成合议庭进行审理

**2.** 张某通过房产经纪公司购买王某一套住房并办理了转让登记手续，后王某以房屋买卖合同无效为由，向法院起诉要求撤销登记行为。行政诉讼过程中，王某又以张某为被告就房屋买卖合同的效力提起民事诉讼。下列选项正确的是：（　　　）。
A. 本案行政诉讼中止，等待民事诉讼的判决结果
B. 法院可以决定民事与行政案件合并审理
C. 如法院判决房屋买卖合同无效，应当判决驳回王某的行政诉讼请求
D. 如法院判决房屋买卖合同有效，应当判决确认转让登记行为合法

**3.** 某环保联合会对某公司提起环境民事公益诉讼，因在诉讼中需要该公司的相关环保资料，遂向县生态环境局提出申请公开该公司的排污许可证、排污口数量和位置等有关环境信息。申请书中载明了单位名称、住所地、联系人及电话并加盖了公章、获取信息的方式等。县生态环境局收到申请后，要求环保联合会提供申请人身份的证明材料。环保联合会提供了社会团体登记证复印件。县生态环境局以申请公开的内容不明确为由拒绝公开，该环保联合会遂提起行政诉讼。

请回答第（1）~（2）题。
(1) 关于本案的信息公开申请及其处理，下列说法正确的是：（　　　）。
A. 环保联合会可采用数据电文形式提出信息公开
B. 环保联合会不具有提出此信息公开申请的资格
C. 县生态环境局有权要求环保联合会提供申请人身份的证明材料
D. 县生态环境局认为申请内容不明确的，应告知环保联合会作出更改、补充
(2) 关于本案的起诉，下列说法正确的是：（　　　）。
A. 本案由县生态环境局所在地法院或者环保联合会所在地法院管辖
B. 起诉期限为6个月
C. 如法院当场不能判定起诉是否符合条件的，应接受起诉状，出具注明收到日期的书面凭证，并在7日内决定是否立案

D. 如法院当场不能判定起诉是否符合条件，7日内仍不能作出判断的，应裁定暂缓立案

## 名词解释

1. 行政诉讼的受理
2. 受理事先审查
3. 诉讼中止
4. 诉讼终结
5. 案件移送
6. 缺席判决
7. 留置送达

## 简答题

1. 简述公民、法人或其他组织向人民法院提起行政诉讼应当具备的条件。
2. 简述行政诉讼撤诉的种类及其应具备的条件。
3. 简述提起审判监督程序的几种方式。

## 论述题

试论述行政诉讼中的共同诉讼。

# 第二十章 行政诉讼法律适用

## 基础知识图解

行政诉讼法律适用
- 行政诉讼法律适用概述
  - 行政诉讼法律适用的含义与特点
  - 行政诉讼的法律适用与行政行为的法律适用
  - 行政诉讼法律适用的立法与实践
- 行政审判法律适用的规范
  - 行政审判法律依据的范围
  - 行政审判中参照规章
  - 行政诉讼适用的其他规范
- 审判规范之间的冲突及处理
  - 行政法律规范冲突的原因及类型
  - 法院选择适用规范的规则

## 配套测试

### 单项选择题

**1.** 在行政诉讼过程中，人民法院对于《行政诉讼法》没有规定的问题，应当怎么办？（    ）

A. 不能适用《民事诉讼法》

B. 只能适用《民事诉讼法》

C. 可以依法参照适用《民事诉讼法》

D. 适用《行政复议法》

**2.** 下列表述中正确的是（    ）。

A. 人民法院适用其他规范性文件判案的，不应在裁判文书中引用，否则会降低裁判的说服力

B. 对于其他规范性文件人民法院应不予理睬

C. 人民法院在使用其他规范性文件时具有比对待规章更大的取舍权力

D. 人民法院在行政审判中应当对其他规范性文件予以参照

**3.** 李某在某经济特区打工时被机器轧断手臂，就赔偿问题与企业发生争议起诉至法院。根据该特区依据全国人大授权制定的地方性法规，李某只能得到 20 个月工资的赔偿额，而根据该经济特区所在省的地方性法规，他可以得到 25 个月的赔偿额。法院应如何处理本案？（    ）

A. 直接依据省地方性法规审理判决此案

B. 直接依据经济特区地方性法规审理判决此案

C. 提请全国人大常委会作出裁决后审理判决此案

D. 提请国务院作出裁决后审理判决此案

**4.** 人民法院审理行政案件过程中，发现地方规章与部门规章不一致时，应当选择下列哪种做法？（    ）

A. 由受理该案的人民法院送请上级人民法院裁决
B. 由最高人民法院送请国务院作出解释或者裁决
C. 由受理该案法院的上级人民法院送请同级权力机关裁决
D. 由受理该案法院的同级权力机关解释或者作出裁决

**5.** 在行政复议中作为依据而在行政诉讼中作为参照的行政管理法规是（　　）。
A. 法律　　　　　　B. 行政法规　　　　　　C. 规章　　　　　　D. 地方性法规

## 多项选择题

**1.** 下列表述中正确的有（　　）。
A. 不同效力等级的行政法律规范发生冲突实际上是一种违法性冲突，应选择适用效力等级高的行政法律规范
B. 新的行政法律规范与旧的行政法律规范发生冲突时并不一定适用新的法律规范
C. 人民法院审理民族自治地方的行政案件，并以民族自治地方的自治条例和单行条例为依据是人际冲突规则的体现
D. 人民法院认为地方人民政府制定、发布的规章与国务院部委制定、发布的规章不一致的，由最高人民法院报请国务院作出解释或裁决

**2.** 下列表述中正确的有（　　）。
A. 对于规章以下的规范性文件人民法院一律不得引用作为判案的根据
B. 人民法院审理行政案件以法律为依据
C. 行政法规也是人民法院审理行政案件的依据，人民法院不能拒绝适用
D. 对于规章人民法院有审查并决定是否适用的权力

## 名词解释

**1.** 行政审判的法律依据
**2.** 法院参照适用规章

## 简答题

**1.** 简述我国行政审判中法律规范冲突的类型及其处理原则。
**2.** 简述行政诉讼与刑事诉讼、民事诉讼相比较法律适用的特点。
**3.** 简述人民法院在审理行政案件时"参照"规章的含义。

## 论述题

论述行政诉讼的法律适用。

## 案例分析题

**案情**：高某系 A 省甲县个体工商户，其持有的营业执照载明经营范围是林产品加工，经营方式是加工、收购、销售。高某向甲县市场监督管理局缴纳了松香运销管理费后，将自己加工的松香运往 A 省乙县出售。当高某进入乙县时，被乙县林业局执法人员拦截。乙县林业局以高某未办理运输证为由，依据 A 省地方性法规《林业行政处罚条例》以及授权省林业厅制定的《林产品目录》（该目录规定松香为林产品，应当办理运输证）的规定，将高某无证运输的松香认定为"非法财物"，予以没收。高某提起行政诉讼要求撤销没收决定，法院予以受理。

有关规定：

《森林法》及行政法规《森林法实施条例》涉及运输证的规定如下：除国家统一调拨的木材外，从林区运出木材，必须持有运输证，否则由林业部门给予没收、罚款等处罚。

A省地方性法规《林业行政处罚条例》规定"对规定林产品无运输证的，予以没收"。

问题：

（1）如高某在起诉时一并提出行政赔偿请求，法院应如何立案？对该请求可否进行单独审理？

（2）省林业厅制定的《林产品目录》的性质是什么？可否适用于本案？理由是什么？

（3）高某运输的松香是否属于"非法财物"？理由是什么？

（4）①法院审理本案时应如何适用法律、法规？理由是什么？

②依据《行政处罚法》的规定，法律、行政法规对违法行为已经作出行政处罚规定，地方性法规需要作出具体规定的，应当符合什么要求？本案《林业行政处罚条例》关于没收的规定是否符合该要求？

# 第二十一章 行政诉讼裁判与执行

## 基础知识图解

行政诉讼裁判与执行
- 行政诉讼的判决、裁定与决定
  - 行政诉讼判决概述
    - 行政诉讼判决的概念
    - 行政判决的种类
    - 行政判决的效力
  - 行政判决的适用条件
    - 一审判决的适用条件
    - 二审判决的适用条件
  - 行政诉讼的裁定
    - 行政诉讼裁定的界定
    - 各类裁定的适用条件
    - 行政裁定的效力
  - 行政诉讼的决定
    - 行政诉讼决定的概念
    - 行政诉讼决定的种类及适用范围
    - 行政诉讼决定的形式
    - 行政诉讼决定的效力
- 行政诉讼的执行

## 配套测试

### 单项选择题

**1.**《行政诉讼法》第71条明确规定，人民法院判决被告重新作出行政行为的，被告不得以同一事实和理由作出与原行政行为基本相同的行政行为，但下列哪种情况不受此规定的限制？（　　）

A. 以适用法律、法规错误为由，判决重新作出具体行政行为的

B. 以证据不足为由，判决重新作出具体行政行为的

C. 以违反法定程序为由，判决重新作出具体行政行为的

D. 以滥用职权为由，判决重新作出具体行政行为的

**2.** 人民法院在审理行政案件中，认为行政机关的主管人员、直接责任人员违法违纪的，或认为有犯罪行为的，应如何处理？（　　）

A. 对于前者应当向该行政机关或者其上一级行政机关或者监察机关提出处理的司法建议，对于后者应当将有关材料移送公安、检察机关

B. 对于前者应当将有关材料移送监察机关、该行政机关或者其上一级行政机关，对于后者应当将有关材料移送公安、检察机关

C. 对于前者应当将案件移送该行政机关或者其上一级行政机关或者向监察、人事机关提出处理的司法建议，对于后者应当直接审理该案件并交由刑庭定罪量刑

D. 对于前者应当将有关材料移送该行政机关或者其上一级行政机关或者监察、人事机关，对于后者应当直接审理该案件并交由刑庭定罪量刑

**3.** 某化工企业生产国家明令淘汰的产品，某市场监督管理局依据《产品质量法》某条的规定作出罚款 2000 元的处罚决定。该企业不服，提起行政诉讼，法院经审查以市场监督管理局的处罚决定适用法律不当为由判决撤销了处罚决定。下列哪一说法是正确的？（    ）

A. 市场监督管理局不得再对该企业作出行政处罚

B. 市场监督管理局不得再对该企业作出罚款决定，但可以作出其他行政处罚

C. 市场监督管理局可以依据原处罚决定适用的《产品质量法》条文规定作出与原来不同的处罚决定

D. 市场监督管理局可以依据原处罚决定适用的《产品质量法》条文规定以外的相关条款作出与原来相同的处罚决定

**4.** 下列事项中不适用裁定的是（    ）。

A. 补正判决书中的笔误

B. 对妨碍行政诉讼的行为采取强制措施

C. 移送或指定管辖

D. 准许或不准许撤诉

**5.** 公安机关在执行职务中违法殴打他人，受害人不服提起行政诉讼，人民法院应作出（    ）。

A. 确认无效判决

B. 确认违法判决

C. 撤销判决

D. 撤销并责令被告重新作出具体行政行为的判决

**6.** 行政机关作出的具体行政行为违反法定程序时，人民法院应作出何种判决？（    ）

A. 只要违反法定程序，人民法院就应作出撤销判决

B. 虽违反法定程序，但实体内容正确的，人民法院判决驳回诉讼请求

C. 只有违反法定程序，且实体内容错误的，人民法院才应作出撤销判决

D. 只有严重违反法定程序的，人民法院才应作出撤销判决

**7.** 下列选项中不属于法院撤销判决的法定事由是（    ）。

A. 具体行政行为超越职权  　　　　B. 具体行政行为滥用职权

C. 具体行政行为证据不足  　　　　D. 具体行政行为适用法律、法规错误

**8.** 原判决基本事实不清、证据不足，人民法院可作出何种裁判？（    ）

A. 对于主要事实不清的，二审法院应当查清事实后改判

B. 二审法院应当依法改判

C. 二审法院必须裁定撤销原判、发回重审

D. 二审法院可以依法改判

**9.** 行政诉讼的执行主体是（    ）。

A. 人民法院　　　　　　　　　　B. 人民法院和行政机关

C. 由行政机关申请，人民法院执行　　D. 行政机关

**10.** 下列说法中正确的是（    ）。

A. 发生法律效力的行政判决书、行政裁定书和行政赔偿调解书原则上由一审人民法院执行，

情况特殊的，二审人民法院可决定由其执行
B. 发生法律效力的行政判决书、行政裁定书、行政赔偿判决书和行政赔偿调解书原则上由中级人民法院执行，情况特殊的，高级人民法院可决定由其执行
C. 发生法律效力的行政判决书、行政裁定书、行政赔偿判决书和行政赔偿调解书必须由一审人民法院执行
D. 发生法律效力的行政判决书、行政裁定书、行政赔偿判决书和行政赔偿调解书必须由中级人民法院执行

**11.** 下列关于非诉行政案件执行的申请人的表述中正确的是（　　）。
A. 非诉行政案件执行的申请人只能是行政机关
B. 非诉行政案件执行的申请人只能是具体行政行为确立的权利人
C. 非诉行政案件执行的申请人一般是行政机关或者法律、法规授权的组织，但在特定情形下也可以是具体行政行为确定的权利人
D. 具体行政行为确定的权利人提出非诉案件的执行申请必须经行政机关同意

**12.** 人民法院对非诉案件的审查标准是（　　）。
A. 申请执行的具体行政行为是否违法
B. 申请执行的具体行政行为是否明显违法
C. 申请执行的具体行政行为是否会损害被执行人的合法权益
D. 申请执行的具体行政行为是否明显违法且损害被执行人的合法权益

**13.** 非诉行政案件执行的前提是（　　）。
A. 公民、法人或其他组织在法定期限内既不提起诉讼又不履行具体行政行为所确定的义务
B. 公民、法人或其他组织在法定期限内提起诉讼
C. 公民、法人或其他组织在法定期限内不提起诉讼
D. 公民、法人或其他组织在法定期限内不履行具体行政行为所确定的义务

**14.** 赵某向市场监督管理局申请办理营业执照，市场监督管理局以材料不全为由一直未予办理。赵某遂向法院提起诉讼。法院认为赵某符合法定条件，市场监督管理局应予办理，判决市场监督管理局在1个月内为其办理营业执照。该项判决属于什么类型判决？（　　）
A. 确认判决　　　　B. 履行判决　　　　C. 变更判决　　　　D. 撤销判决

## 多项选择题

**1.** 对下列哪些情形，人民法院应当采取裁定形式？（　　）
A. 诉讼期间停止具体行政行为的执行　　　　B. 驳回起诉
C. 驳回上诉，维持原判　　　　D. 撤销原判，发回原审人民法院重审

**2.** 行政行为确立的权利人申请人民法院强制执行的条件是（　　）。
A. 负有义务的一方当事人在法定期限内既不履行又不提起诉讼的，权利人可申请人民法院强制执行
B. 权利人申请法院强制执行，必须满足行政机关申请强制执行的条件
C. 除生效具体行政行为确定的权利人外，权利人的继承人或权利承受人也可以提出申请
D. 权利人申请执行的具体行政行为仅限于法律授权行政机关对平等主体之间作出的裁决

**3.** 下列说法中正确的有（　　）。
A. 行政机关申请人民法院强制执行具体行政行为，由基层人民法院执行，基层人民法院认为执行有困难的，可以报请上一级人民法院执行
B. 行政机关申请人民法院强制执行具体行政行为的，由基层人民法院执行，基层人民法院认

为执行有困难的，可以报请上级人民法院执行

C. 行政机关申请人民法院强制执行具体行政行为的，由申请人所在地的人民法院执行

D. 行政机关申请人民法院强制执行具体行政行为的，由被申请人所在地的人民法院执行

**4.** 二审撤销原判，发回重审适用的情形有（　　）。

A. 一审判决认定事实不清　　　　　　B. 一审判决证据不足

C. 一审严重违反法定程序　　　　　　D. 一审判决遗漏了当事人

**5.** 行政诉讼中，人民法院对于妨碍诉讼行为采取的强制措施中，须经人民法院院长批准的有（　　）。

A. 责令具结悔过　　B. 罚款　　　　C. 拘留　　　　　D. 训诫

**6.** 有关裁定说法正确的有（　　）。

A. 裁定一经作出，立即发生法律效力

B. 裁定应采用书面的形式

C. 与判决不同，在行政诉讼的各个阶段都可作出裁定

D. 裁定不决定实体问题

**7.** 行政诉讼撤销判决的形式有（　　）。

A. 判决全部撤销

B. 判决部分撤销

C. 判决撤销作出具体行政行为的依据

D. 判决撤销并责成被告重新作出具体行政行为

**8.** 下列关于非诉行政案件申请财产保全措施的表述正确的有（　　）。

A. 财产保全既可由人民法院依申请人的申请而采取，也可由人民法院依职权采取

B. 申请人必须提供相应的财产担保

C. 申请主体必须是作出该具体行政行为的行政机关或具体行政行为确定的权利人

D. 必须是申请人有充分理由认为被执行人有逃避执行的可能

**9.** 下列属于行政诉讼执行中对行政机关所采取的强制措施的有（　　）。

A. 查封、扣押、冻结、拍卖属于该行政机关所有的财产

B. 对应当归还的罚款或者应当给付的款额通知银行从该行政机关的账户中划拨

C. 在规定期限内不履行的，对该行政机关负责人按日处 50 元至 100 元的罚款

D. 将行政机关拒绝履行的情况予以公告

**10.** 甲、乙两人因邻里纠纷发生互殴，公安局分别作出对甲拘留 15 天，对乙警告的行政处罚决定。甲不服公安局的拘留 15 天处罚决定，提起诉讼。法院经查发现甲、乙在互殴中均有责任，损害结果也相当。在此情况下，法院可以作出何判决？（　　）

A. 撤销被告对甲的处罚决定　　　　　B. 变更被告对甲的处罚决定

C. 撤销被告对乙的处罚决定　　　　　D. 变更被告对乙的处罚决定

**11.** 行政机关拒绝履行判决裁定的，第一审人民法院可以采取的措施有（　　）。

A. 通知银行划拨

B. 对其负责人罚款

C. 提出司法建议

D. 拒不履行判决裁定构成犯罪的，依法追究刑事责任

## 不定项选择题

**1.** 某镇政府以一公司所建钢架大棚未取得乡村建设规划许可证为由责令限期拆除。该公司逾

期不拆除，镇政府现场向其送达强拆通知书，组织人员拆除了大棚。该公司向法院起诉要求撤销强拆行为。如一审法院审理认为强拆行为违反法定程序，可作出的判决有：（　　）。

A. 撤销判决　　　　　　　　B. 确认违法判决

C. 履行判决　　　　　　　　D. 变更判决

**2.** 县政府以某化工厂不符合国家产业政策、污染严重为由，决定强制关闭该厂。该厂向法院起诉要求撤销该决定，并提出赔偿请求。一审法院认定县政府决定违法，予以撤销，但未对赔偿请求作出裁判，县政府提出上诉。下列说法正确的是：（　　）。

A. 本案第一审应由县法院管辖

B. 二审法院不得以不开庭方式审理该上诉案件

C. 二审法院应对一审法院的判决和被诉行政行为进行全面审查

D. 如二审法院经审查认为依法不应给予该厂赔偿的，应判决驳回其赔偿请求

## 名词解释

**1.** 行政诉讼判决

**2.** 驳回诉讼请求判决

**3.** 履行判决

**4.** 变更判决

**5.** 行政诉讼中的裁定

**6.** 行政判决的效力

**7.** 行政裁定的效力

**8.** 行政诉讼中的决定

**9.** 行政诉讼中决定的效力

## 简答题

简述行政裁定的效力。

## 案例分析题

**1.** 某国家机关科研处处长赵某利用外出考察的机会，从国外带回若干违禁小物品，受到海关罚款500元的行政处罚，其所在机关了解情况后，又给予其撤职的行政处分。赵某不服，认为处罚、处分太重，分别以海关和所在机关为被告，向法院提起行政诉讼，要求撤销上述处罚和处分。问：

（1）人民法院应否受理赵某的起诉？为什么？

（2）人民法院如受理赵某提起的两项诉讼请求或其中的一项，审理后可能作出哪几种形式的判决？并说明其适用条件。

**2.** 海华市规划局批准本市市政府在海天花园小区盖了一栋高层办公楼，严重影响该小区居民的住宅采光。小区居民将海华市规划局诉至人民法院。问：

（1）海华市规划局的行为应如何认定？

（2）海天花园小区的居民是否可以原告资格提起行政诉讼，为什么？

（3）如果海天花园小区的居民有原告资格可以提起行政诉讼，法院应作出何种判决？

# 第二十二章　涉外行政诉讼

## 基础知识图解

涉外行政诉讼
- 原则
  - 平等原则
  - 对等原则
  - 适用国际条约原则
  - 使用中国通用语言文字的原则
  - 原告必须委托中国律师代理诉讼的原则
- 法律渊源
  - 法律
  - 最高司法机关的司法解释
  - 国际条约和惯例
- 涉外行政诉讼法律规范的适用
  - 概念
  - 原则
- 涉外行政诉讼的期间、期日和送达
  - 期间和期日
  - 送达

## 配套测试

### 名词解释

1. 涉外行政诉讼的法律渊源
2. 外交送达

### 简答题

简述涉外行政诉讼。

### 论述题

试论涉外行政诉讼的原则。

# 综合测试题一

## ☑ 单项选择题（共20题，每题1分，共20分）

**1.** 采用非强制手段可以达到行政管理目的的，不得设定和实施行政强制，这体现了哪项行政基本原则？（　　）
　　A. 合法行政原则　　　　　　　　B. 信赖利益保护原则
　　C. 考虑相关因素原则　　　　　　D. 比例原则

**2.** 行政机关实施的下列行为中，哪一项属于具体行政行为？（　　）
　　A. 公安交管局在辖区内城市快速路入口处悬挂"危险路段，谨慎驾驶"的横幅
　　B. 县公安局依照《刑事诉讼法》对李某进行拘留
　　C. 区政府对王某作出房屋征收决定
　　D. 因民间纠纷引起的打架斗殴经公安派出所调解达成协议

**3.** 行政强制措施的特点不包括：（　　）。
　　A. 临时性　　　　B. 非惩罚性　　　　C. 可替代性　　　　D. 终局性

**4.** 下列不属于行政主体的是（　　）。
　　A. 市政府　　　　B. 县政府　　　　C. 街道办事处　　　　D. 企业

**5.** 行政行为以其对象是否特定为标准，可分为：（　　）。
　　A. 抽象行政行为和具体行政行为
　　B. 羁束行政行为和自由裁量行政行为
　　C. 依职权行政行为和依申请行政行为
　　D. 要式行政行为和非要式行政行为

**6.** 行政复议机关应当自受理申请之日起（　　）内作出行政复议决定。
　　A. 30日　　　　B. 60日　　　　C. 90日　　　　D. 120日

**7.** 公民、法人或者其他组织直接向人民法院提起行政诉讼的，应当在知道作出具体行政行为之日起（　　）内提出。
　　A. 1个月　　　　B. 2个月　　　　C. 3个月　　　　D. 6个月

**8.** 行政诉讼中，被告应当在收到起诉状副本之日起（　　）内向人民法院提交作出行政行为的证据和所依据的规范性文件，并提出答辩状。
　　A. 7日　　　　B. 10日　　　　C. 15日　　　　D. 30日

**9.** 下列行为中，属于行政许可的是（　　）。
　　A. 登记结婚　　　　B. 颁发营业执照　　　　C. 签订合同　　　　D. 捐赠

**10.** 行政诉讼的举证责任主要由（　　）承担。
　　A. 原告　　　　B. 被告　　　　C. 第三人　　　　D. 证人

**11.** 行政机关依法变更或者撤回已经生效的行政许可时，给公民、法人或者其他组织造成财产损失的，行政机关应当依法（　　）。
　　A. 给予赔偿　　　　B. 给予补偿　　　　C. 给予奖励　　　　D. 给予补助

**12.** 行政诉讼中，人民法院审理行政案件，可以参照（　　）。

A. 法律　　　　　B. 行政法规　　　　C. 地方性法规　　　　D. 规章

**13.** 下列许可形式中，属于排他性许可的是（　　）。

A. 专利许可　　　B. 驾驶执照　　　　C. 营业执照　　　　D. 护照

**14.** 市场监管局对味好食品厂作出罚款的行政处罚，该厂拒绝缴纳，市场监管局有权（　　）。

A. 向法院起诉，要求法院判令该企业缴纳罚款

B. 自行强制执行或申请法院强制执行

C. 为收缴罚款，吊销该企业营业执照

D. 拘留该企业法定代表人

**15.** 行政复议作为一项重要的法律制度，是（　　）。

A. 行政机关解决民事纠纷的活动　　　　B. 行政机关解决行政纠纷的活动

C. 行政仲裁机关解决纠纷的活动　　　　D. 人民法院解决行政纠纷的活动

**16.** 某市某区某街道办事处所属铸造厂，由甲承包。因甲在承包期间经营不善，街道办事处下令停办。甲不服，应（　　）。

A. 向区政府申请复议　　　　　　　　　B. 向法院提起民事诉讼

C. 向市政府申请复议　　　　　　　　　D. 属于内部行为，不能提起行政复议

**17.** 某县公安局民警甲在一次治安检查中被乙打伤，公安局认定乙的行为构成妨碍公务，据此对乙处以200元罚款。甲认为该处罚决定过轻。下列哪种说法是正确的？（　　）

A. 对乙受到的处罚决定，甲既不能申请复议，也不能提起行政诉讼

B. 甲可以对乙提起民事诉讼

C. 对乙受到的处罚决定，甲可以申请复议但不能提起行政诉讼

D. 对乙受到的处罚决定，甲应当先申请复议，对复议决定不服可提起行政诉讼

**18.** 李某失业后向民政局申领最低生活保障金，民政局经过审查发现李某不符合最低生活保障金的申领条件，作出不予核准的决定。李某不服，提起行政诉讼。在诉讼过程中，李某申请先予执行。下列哪一说法是正确的？（　　）

A. 李某申请先予执行，应当提供担保

B. 李某经行政复议后方可申请先予执行

C. 如果法院作出先予执行裁定，民政局不服可以申请复议

D. 法院应当适用确认判决

**19.** 在行政诉讼中，人民法院如果发现行政规章与宪法、法律相抵触，可以（　　）。

A. 撤销　　　　　B. 变更　　　　　　C. 废止　　　　　　D. 不予适用

**20.** 某县政府与甲开发公司签订《某地区改造项目协议书》，对某地区旧城改造范围、拆迁补偿费及支付方式和期限等事宜加以约定。乙公司持有经某市政府批准取得的国有土地使用证的第15号地块，位于某地区改造范围。甲开发公司获得改造范围内新建的房屋预售许可证，并向社会公开预售。乙公司认为某县政府以协议形式规划、管理和利用项目改造的行为违法，向法院起诉，法院受理。下列哪一选项是正确的？（　　）

A. 某县政府与甲开发公司签订的《某地区改造项目协议书》属内部协议

B. 某县政府应当依职权先行收回乙公司持有的第15号地块国有土地使用证

C. 因乙公司不是《某地区改造项目协议书》的当事人，法院应驳回起诉

D. 若法院经审理查明，某县政府以协议形式规划、管理和利用项目改造的行为违法，应当判决确认某县政府的行为违法，并责令采取补救措施

### 多项选择题（共10题，每题2分，共20分）

**1.** 行政行为的合法要件包括（　　）。
  A. 主体合法　　　　　B. 内容合法　　　　　C. 程序合法　　　　　D. 形式合法

**2.** 行政复议的范围包括（　　）。
  A. 对行政机关作出的行政处罚决定不服的
  B. 对行政机关作出的行政强制措施决定不服的
  C. 认为行政机关侵犯其合法的经营自主权的
  D. 认为行政机关违法要求履行义务的

**3.** 行政诉讼的特有原则包括（　　）。
  A. 具体行政行为合法性审查原则　　　　　B. 不适用调解原则
  C. 被告负举证责任原则　　　　　　　　　D. 司法变更权有限原则

**4.** 行政处罚的种类包括（　　）。
  A. 警告　　　　　　　　　　　　　　　　B. 罚款
  C. 没收违法所得、没收非法财物　　　　　D. 责令停产停业

**5.** 行政许可的设定原则包括（　　）。
  A. 法定原则　　　　　　　　　　　　　　B. 公开、公平、公正原则
  C. 便民和效率原则　　　　　　　　　　　D. 信赖保护原则

**6.** 关于行政许可的设定权限，下列哪些说法是不正确的？（　　）
  A. 必要时省政府制定的规章可设定企业的设立登记及其前置性行政许可
  B. 地方性法规可设定应由国家统一确定的公民、法人或者其他组织的资格、资质的行政许可
  C. 必要时国务院部门可采用发布决定的方式设定临时性行政许可
  D. 省政府报国务院批准后可在本区域停止实施行政法规设定的有关经济事务的行政许可

**7.** 除法律规定终局的行政复议外，申请人对行政复议决定不服的，可以在收到复议决定书之日起15日内，或者法律、法规规定的其他期限内向人民法院起诉。对申请人逾期不起诉又不履行复议决定的（　　）。
  A. 一律由复议机关申请人民法院强制执行
  B. 一律由最初作出具体行政行为的行政机关申请人民法院强制执行，或者依法强制执行
  C. 变更行政行为的行政复议决定书，由行政复议机关依法强制执行，或者申请人民法院强制执行
  D. 维持行政行为的行政复议决定书，由作出行政行为的行政机关依法强制执行，或者申请人民法院强制执行

**8.** 甲公司与乙公司签订建设工程施工合同，甲公司向乙公司支付工程保证金30万元。后由于情况发生变化，原合同约定的工程项目被取消，乙公司也无资金退还甲公司，甲公司向县公安局报案称被乙公司法定代表人王某诈骗30万元。公安机关立案后，将王某传唤到公安局，要求王某与甲公司签订还款协议书，并将扣押的乙公司和王某的财产移交给甲公司后将王某释放。下列哪些说法是正确的？（　　）
  A. 县公安局的行为有刑事诉讼法明确授权，依法不属于行政诉讼的受案范围
  B. 县公安局的行为属于以办理刑事案件为名插手经济纠纷，依法属于行政诉讼的受案范围
  C. 乙公司有权提起行政诉讼，请求确认公安局行为违法并请求国家赔偿，法院应当受理
  D. 甲公司获得乙公司还款是基于两公司之间的债权债务关系，乙公司的还款行为有效

**9.** 关于行政诉讼，下列哪些情形法院可以认定下位法不符合上位法？（　　）

A. 下位法延长上位法规定的履行法定职责的期限
B. 下位法以参照方式限缩上位法规定的义务主体的范围
C. 下位法限制上位法规定的权利范围
D. 下位法超出上位法规定的强制措施的适用范围

**10.** 某区公安分局以蔡某殴打孙某为由对蔡某拘留十日并处罚款 500 元。蔡某向法院起诉，要求撤销处罚决定和赔偿损失。一审法院经审理认定处罚决定违法。下列哪些选项是正确的？（　　）

A. 蔡某所在地的法院对本案无管辖权
B. 一审法院应判决撤销拘留决定，返还罚款 500 元、按照国家上年度职工日平均工资赔偿拘留 10 日的损失和一定的精神抚慰金
C. 如一审法院的判决遗漏了蔡某的赔偿请求，二审法院应当裁定撤销一审判决，发回重审
D. 如蔡某在二审期间提出赔偿请求，二审法院可以进行调解，调解不成的，应告知蔡某另行起诉

## 名词解释（共 5 题，每题 3 分，共 15 分）

**1.** 行政诉讼管辖
**2.** 行政许可
**3.** 行政指导
**4.** 行政复议
**5.** 终局行政裁决行为

## 简答题（共 3 题，每题 5 分，共 15 分）

**1.** 简述行政行为的效力。
**2.** 简述行政诉讼的受案范围。
**3.** 简述行政复议与行政诉讼的区别。

## 论述题（共 1 题，共 10 分）

什么是国家行为？《行政诉讼法》为什么排除当事人对国家行为提起行政诉讼？

## 案例分析题（共 1 题，共 20 分）

案情：甲公司认为市市场监督管理局作出的吊销其营业执照的行政处罚决定违法，向市政府申请行政复议。市政府受理后，经审查认为市市场监督管理局的处罚决定合法，作出维持决定。甲公司不服，向人民法院提起行政诉讼。

问题：
（1）甲公司能否以市政府为被告提起行政诉讼？为什么？
（2）人民法院对本案应作出何种判决？

# 综合测试题二

## 单项选择题（共5题，每题4分，共20分）

**1.** 行政法的核心原则是（　　）。
A. 合理性原则　　　B. 合法性原则　　　C. 信赖保护原则　　　D. 比例原则
**2.** 下列属于行政处罚的是（　　）。
A. 行政拘留　　　B. 行政强制措施　　　C. 行政许可　　　D. 行政指导
**3.** 行政法规的制定主体是（　　）。
A. 全国人大常委会　　B. 国务院　　　C. 省级人民政府　　　D. 最高人民法院
**4.** 行政诉讼中，被告举证责任的核心是（　　）。
A. 证明原告行为违法　　　　　　　B. 证明具体行政行为合法
C. 证明程序正当　　　　　　　　　D. 证明事实清楚
**5.** 下列属于抽象行政行为的是（　　）。
A. 行政处罚决定书　　B. 地方政府规章　　C. 行政强制措施　　D. 行政许可证书

## 多项选择题（共5题，每题4分，共20分）

**1.** 行政法的基本原则包括（　　）。
A. 合法性原则　　　B. 合理性原则　　　C. 信赖保护原则　　　D. 高效便民原则
**2.** 行政处罚的种类有（　　）。
A. 警告　　　　　　B. 罚款　　　　　　C. 责令停产停业　　　D. 行政拘留
**3.** 行政诉讼的受案范围包括（　　）。
A. 对行政拘留不服　　　　　　　　B. 对行政许可拒绝不服
C. 对行政法规的合法性争议　　　　D. 对行政机关内部处分不服
**4.** 行政立法的特征包括（　　）。
A. 从属性立法　　　B. 程序准司法化　　　C. 主体为行政机关　　　D. 效力等同于法律
**5.** 下列属于行政强制措施的是（　　）。
A. 查封场所　　　　B. 冻结存款　　　　C. 行政拘留　　　　D. 吊销许可证

## 简答题（共3题，每题5分，共15分）

**1.** 简述信赖保护原则的具体要求。
**2.** 简述行政法的基本原则及其核心要求。
**3.** 行政诉讼中法院判决撤销具体行政行为的情形有哪些？

## 论述题（共3题，每题5分，共15分）

**1.** 论述行政合法性原则与合理性原则的关系。
**2.** 结合案例分析行政合理性原则的适用。

案例：某市场监管所对王某处以违法所得 5 倍罚款，因其曾犯罪而加重处罚。

**3.** 行政行为效力理论与无效行政行为的认定。

## 案例分析题（共 2 题，每题 15 分，共 30 分）

**1.** 案情：某市政府以"市容整治"为由，未补偿即强拆李某商铺。李某提起行政诉讼。问题：该强拆行为是否合法？李某可主张哪些权利救济？

**2.** 案情：某餐饮店因食品安全问题被市场监管局处以 10 万元罚款并责令停业整顿。处罚决定书仅载明违法事实和处罚结果，未告知陈述申辩权及听证权利。店主不服，提起行政诉讼。问题：法院应如何判决？法律依据是什么？

# 综合测试题三

## 简答题（共3题，每题10分，共30分）

1. 简述信赖利益保护原则。
2. 简述行政处罚听证程序的适用条件。
3. 简述行政公益诉讼起诉人的概念及特点。

## 论述题（共2题，第1题20分，第2题25分，共45分）

1. 论述行政行为的效力。
2. 论述比例原则。

## 案例分析题（共1题，共25分）

2020年7月15日，经某市下辖的县政府授权，县住房和城乡建设局（甲方）与A公司（乙方）协商签订天然气利用合作协议，主要内容如下：

一、甲方同意乙方在本县从事城市天然气特许经营，范围包括本县县城城区、工业区，期限为20年。

二、甲方充分考虑天然气项目具有公共事业的特点，在法律允许范围内对项目建设和经营提供支持和帮助。

三、乙方应保证取得足够的天然气指标。如果乙方不能保证实际用气需求，甲方有权依照相关法律法规进行处理。

四、本协议签署后，乙方应对项目积极开展工作，签订协议12个月内如因乙方原因工程不能开工建设，则本协议废止。

协议签署后，A公司先后获得市天然气综合利用项目的立项批复、管线路由规划意见、建设用地规划设计条件通知书、国有土地使用证、环评意见书等手续，对项目进行了部分开工建设。

2021年7月10日，县住房和城乡建设局向A公司发出催告："你公司的管道天然气经营许可手续至今未能办理，影响了经营区域内居民、工业、商业用户及时用气。现通知你公司抓紧办理管道天然气经营许可手续，若收到本通知2个月内经营许可手续尚未批准。我市将收回你公司的管道天然气区域经营权，由此造成的一切损失由你公司自行承担。"

2022年6月25日，A公司参加了县燃气工作会议，会议明确要求："关于天然气镇村通工程建设，各燃气企业要明确管网铺设计划，加快推进工程建设，今年9月底前未完成燃气配套设施建设的，一律收回区域经营权。"

2022年6月29日，A公司向县政府出具项目保证书承诺："在办理完成项目开工手续三个月内完成以上工作，如不能按时完成，将自动退出政府所授予经营区域。"

2023年3月6日，县政府向A公司作出收回决定，决定按照合作协议中有关违约责任，收回A公司在县城城区、工业区的特许经营授权，授权给B公司代表县政府经营管理，A公司不服收回决定向市政府申请行政复议。

2023年8月20日,市政府作出维持决定,但决定未告知起诉期限。

2024年3月10日,A公司提起行政诉讼,请求法院撤销收回决定。诉讼中,法院查明B公司已开工建设并在部分地区试运行。

问题:

1. 如何确定本案的管辖法院?请说明理由。(7分)
2. A公司起诉是否超过起诉期限?请说明理由(4分)
3. 县政府的收回决定是否合法?请说明理由(5分)
4. 法院对本案应如何作出裁判?(9分)

附件:《城镇燃气管理条例》

第五条　国务院建设主管部门负责全国的燃气管理工作。

县级以上地方人民政府燃气管理部门负责本行政区域内的燃气管理工作。

县级以上人民政府其他有关部门依照本条例和其他有关法律、法规的规定,在各自职责范围内负责有关燃气管理工作。

第十五条　国家对燃气经营实行许可证制度。从事燃气经营活动的企业,应当具备下列条件:

(一)符合燃气发展规划要求;

(二)有符合国家标准的燃气气源和燃气设施;

(三)有固定的经营场所、完善的安全管理制度和健全的经营方案;

(四)企业的主要负责人、安全生产管理人员以及运行、维护和抢修人员经专业培训并考核合格;

(五)法律、法规规定的其他条件。

符合前款规定条件的,由县级以上地方人民政府燃气管理部门核发燃气经营许可证。

《市政公用事业特许经营管理办法》

第二条　本办法所称市政公用事业特许经营,是指政府按照有关法律、法规规定,通过市场竞争机制选择市政公用事业投资者或者经营者,明确其在一定期限和范围内经营某项市政公用事业产品或者提供某项服务的制度。

城市供水、供气、供热、公共交通、污水处理、垃圾处理等行业,依法实施特许经营的,适用本办法。

第十八条　获得特许经营权的企业在特许经营期间有下列行为之一的,主管部门应当依法终止特许经营协议,取消其特许经营权,并可以实施临时接管:

(一)擅自转让、出租特许经营权的;

(二)擅自将所经营的财产进行处置或者抵押的;

(三)因管理不善,发生重大质量、生产安全事故的;

(四)擅自停业、歇业,严重影响到社会公共利益和安全的;

(五)法律、法规禁止的其他行为。

第十九条　特许经营权发生变更或者终止时,主管部门必须采取有效措施保证市政公用产品供应和服务的连续性与稳定性。

第二十条　主管部门应当在特许经营协议签订后30日内,将协议报上一级市政公用事业主管部门备案。

第二十五条　主管部门应当建立特许经营项目的临时接管应急预案。

对获得特许经营权的企业取消特许经营权并实施临时接管的,必须按照有关法律、法规的规定进行,并召开听证会。

# 附录一：行政法与行政诉讼法学习所涉及的主要法律文件

1. 《中华人民共和国行政强制法》（2011年6月30日）①
2. 《中华人民共和国国家赔偿法》（2012年10月26日）
3. 《中华人民共和国行政诉讼法》（2017年6月27日）
4. 《中华人民共和国刑事诉讼法》（2018年10月26日）
5. 《中华人民共和国公务员法》（2018年12月29日）
6. 《中华人民共和国行政许可法》（2019年4月23日）
7. 《中华人民共和国行政处罚法》（2021年1月22日）
8. 《中华人民共和国地方各级人民代表大会和地方各级人民政府组织法》（2022年3月11日）
9. 《中华人民共和国行政复议法》（2023年9月1日）
10. 《中华人民共和国立法法》（2023年3月13日）
11. 《中华人民共和国民事诉讼法》（2023年9月1日）
12. 《中华人民共和国国务院组织法》（2024年3月11日）
13. 《中华人民共和国治安管理处罚法》（2025年6月27日）
14. 《国务院行政机构设置和编制管理条例》（1997年8月3日）
15. 《地方各级人民政府机构设置和编制管理条例》（2007年2月24日）
16. 《中华人民共和国行政复议法实施条例》（2007年5月29日）
17. 《行政法规制定程序条例》（2017年12月22日）
18. 《规章制定程序条例》（2017年12月22日）
19. 《中华人民共和国政府信息公开条例》（2019年4月3日）
20. 《最高人民法院关于人民法院执行〈中华人民共和国国家赔偿法〉几个问题的解释》（1996年5月6日）
21. 《最高人民法院关于行政诉讼证据若干问题的规定》（2002年7月24日）
22. 《最高人民法院关于行政诉讼撤诉若干问题的规定》（2008年1月14日）
23. 《最高人民法院关于审理行政许可案件若干问题的规定》（2009年12月14日）
24. 《最高人民法院关于适用〈中华人民共和国国家赔偿法〉若干问题的解释（一）》（2011年2月28日）
25. 《最高人民法院关于人民法院赔偿委员会适用质证程序审理国家赔偿案件的规定》（2013年12月19日）
26. 《最高人民法院关于审理民事、行政诉讼中司法赔偿案件适用法律若干问题的解释》（2016年9月7日）
27. 《最高人民法院关于适用〈中华人民共和国行政诉讼法〉的解释》（2018年2月6日）
28. 《最高人民法院关于审理政府信息公开行政案件适用法律若干问题的解释》（2025年5月19日）

---

① 本附录法律文件的日期为公布时间或最后一次修订、修正日期。

# 附录二：参考文献及推荐书目

1. 《行政法与行政诉讼法学》编写组：《行政法与行政诉讼法学》（第二版，马克思主义理论研究和建设工程重点教材），高等教育出版社 2018 年版。

2. 应松年主编：《行政法与行政诉讼法学学习指南与习题集》（马克思主义理论研究和建设工程重点教材配套用书），高等教育出版社 2019 年版。

3. 姜明安主编：《行政法与行政诉讼法》（第八版），北京大学出版社、高等教育出版社 2024 年版。

4. 李元起主编：《行政法与行政诉讼法练习题集》（第六版），中国人民大学出版社 2022 年版。

5. 任进：《行政组织法教程》（21 世纪行政法学系列教材），中国人民大学出版社 2011 年版。

6. 应松年主编：《行政诉讼法学》（第七版），中国政法大学出版社 2018 年版。

7. 胡锦光、刘飞宇主编：《行政法与行政诉讼法》（第八版），中国人民大学出版社 2020 年版。

8. 罗豪才、湛中乐：《行政法学》（第四版）（21 世纪法学系列教材），中国政法大学出版社 2016 年版。

9. 杨伟东主编：《中华人民共和国行政处罚法理解与适用》，中国法制出版社 2021 年版。

10. 法规应用研究中心编：《行政复议法、行政诉讼法一本通》，中国法治出版社 2024 年版。

11. 法规应用研究中心编：《行政许可法、行政处罚法、行政强制法一本通》，中国法治出版社 2024 年版。

12. 国家法官学院、最高人民法院司法案例研究院编：《中国法院 2025 年度案例·行政纠纷》，中国法治出版社 2025 年版。

13. 国家法官学院、最高人民法院司法案例研究院编：《行政纠纷裁判规则理解与适用》，中国法制出版社 2023 年版。

14. 王敬波：《中国政法大学法律硕士案例研究丛书·行政法与行政诉讼法学案例研究指导》，中国政法大学出版社 2021 年版。

15. 代海军：《应急法要义》，中国法制出版社 2023 年版。

16. 莫于川、林鸿潮《中华人民共和国突发事件应对法理解与适用》，中国法治出版社 2025 年版。

考点速记手账

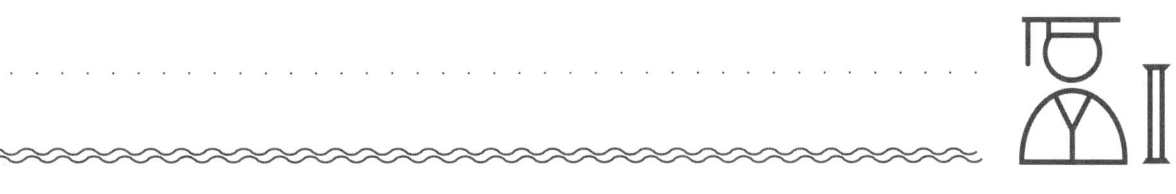

考点速记手账